STEPHEN MITFORD GOODSON

GESCHIEDENIS VAN DE CENTRALE BANKEN
EN
DE ONDERWERPING VAN DE MENSHEID

OMNIA VERITAS

STEPHEN MITFORD GOODSON
(1948 – 4 augustus 2018)

Stephen Mitford Goodson was een Zuid-Afrikaanse bankier, auteur en politicus. Hij was lid van de raad van bestuur van de Zuid-Afrikaanse Reservebank (2003-2012) en was de leider van de Abolition of Income Tax and Usury Party. Hij stond bekend om zijn felle kritiek op het centrale banksysteem, woekerrente en de internationale financiële wereld, en schreef verschillende boeken, waaronder A History of Central Banking and the Enslavement of Mankind. Door zijn revisionistische en controversiële standpunten werd hij beschuldigd van antisemitisme.

A History of Central Banking
and the enslavement of mankind.

De geschiedenis van de centrale banken – en de onderwerping van de mensheid

Vertaald uit het Engels en uitgegeven door
OMNIA VERITAS LTD

OMNIA VERITAS®
www.omnia-veritas.com

Dit boek is opgedragen aan Knut Hamsun,
het licht en de hoop van een natuurlijke wereldorde.

En u zult de Amerikaanse geschiedenis nooit begrijpen,
noch de geschiedenis van het Westen van de afgelopen 2000 jaar
tenzij u een of twee problemen onderzoekt;
namelijk de joden en woeker.
Het een of het ander of BEIDE. Ik zou zeggen: beide.

Ezra Pound

VOORWOORD

De inhoud van dit boek is controversieel en kan heftige reacties oproepen, dus ik sta niet achter alle standpunten die erin worden verwoord.

Hoe kan een ogenschijnlijk zo droog onderwerp als de geschiedenis van centrale banken en het monetaire stelsel aanleiding geven tot dergelijke reacties? Men kan zich afvragen waarom sommigen dit werk zullen afdoen als volkomen ketters, door te beweren dat Stephen Goodson buiten het kader van het aanvaardbare historische debat is getreden.

Goodson beschikt over de nodige referenties en ervaring om een onderwerp te behandelen dat hij jarenlang heeft bestudeerd en waarvan hij de gevolgen persoonlijk heeft ondervonden als niet-uitvoerend directeur van de Zuid-Afrikaanse Centrale Bank.

Ik beschik niet over de expertise om de bevindingen van Goodson te bevestigen, maar ik ben me ervan bewust dat de kern van zijn betoog over de bankmacht en het daaruit voortvloeiende monetaire systeem een essentieel onderdeel vormt van de onmenselijke verschillen in de verdeling van rijkdom binnen een land, evenals tussen alle landen.

Daarom hebben mijn partij en ikzelf jarenlang betoogd dat Zuid-Afrika zijn centrale bank en zijn monetaire stelsel moet hervormen, ook al zou dat betekenen dat ons land buiten de onrechtvaardige internationale normen valt.

Boeken over economie en het bankwezen worden doorgaans als onbegrijpelijk beschouwd. De lezers ervan behoren voornamelijk tot de academische en zakelijke wereld. Dit boek vormt een opmerkelijke uitzondering.

Dit werk biedt niet alleen een breed overzicht van de

economische geschiedenis over meer dan drie millennia, maar ook inzichten in de manier waarop het probleem van woekerrente heeft geleid tot de geleidelijke onderwerping van de mensheid tot slavernij, sinds het begin van haar beschaafde bestaan.

Sommigen zullen geschokt zijn te beseffen dat centrale banken over de hele wereld, inclusief onze eigen South African Reserve Bank, niet het algemeen belang dienen, maar uitsluitend handelen ten behoeve van particuliere bankinstellingen. Dit ondermijnt niet alleen onze soevereiniteit, maar ontneemt ons ook de mogelijkheid om gebruik te maken van een door de overheid uitgegeven schuldvrije munteenheid, die dus aan het soevereine volk toebehoort als zijn eigen middel om goederen en diensten uit te wisselen.

In plaats daarvan maken we in ons land, net als in vele andere, gebruik van particuliere valuta die door de particuliere banksector via schulden wordt geproduceerd. De overstap van bankbiljetten naar overheidsbiljetten zou ons volk toegang geven tot een fatsoenlijk, welvarend en duurzaam leven. Maar een dergelijke eenvoudige hervorming zou een ware revolutie betekenen, moeilijker te realiseren dan welke andere hervorming of sociale verandering dan ook die tot nu toe is doorgevoerd.

Hoewel Zuid-Afrika uiterlijk gezien in 1994 de weg naar vrijheid heeft gevonden, heeft de meerderheid van de bevolking, met uitzondering van een kleine minderheid van zwarte en blanke ondernemers, daar intern geen enkel voordeel of welvaart uit gehaald, en is zij er bovendien niet in geslaagd haar verborgen potentieel te realiseren, voornamelijk vanwege ons gebrekkige monetaire systeem. Als we echte vrijheid willen bereiken, is het absoluut noodzakelijk dat er een monetaire hervorming wordt doorgevoerd met dezelfde kracht en intensiteit als die welke tijdens de jaren van strijd voor politieke hervormingen werd ingezet. Maar dit vereist inzicht in het complexe probleem van de manier waarop geld wordt gecreëerd, aan wie het toebehoort en welke belangen het dient.

In dit boek bespreekt Goodson niet alleen verschillende succesvolle pogingen van diverse staten om het systeem van particuliere banken achter zich te laten, maar presenteert hij ook een plan dat een antwoord biedt op veel van onze maatschappelijke problemen, zoals het uitblijven van economische groei, hoge werkloosheid en de achteruitgang van de openbare dienstverlening.

Hoewel het boek beslist controversieel is, is het een tot nadenken stemmend werk dat Zuid-Afrikanen zouden moeten lezen als inspiratiebron voor politiek handelen.

In zijn toespraak voor de American Press Association op 27 april 1961 verklaarde president John F. Kennedy: „Zonder debat, zonder kritiek kan geen enkele regering en geen enkel land slagen – en kan geen enkele republiek overleven. Daarom stelde de Atheense wetgever Solon het als een misdaad vast wanneer een burger zich onttrok aan elke controverse."

Prins Mangosuthu Buthelezi, parlementslid.
Voorzitter van de Inkatha Freedom Party,
Republiek Zuid-Afrika.

26 juni 2013

INLEIDING

Geschiedenis is het belangrijkste vak in elk onderwijssysteem en overtreft in belang zowel de exacte wetenschappen als de geesteswetenschappen. In de kern omvat het de cultuur, tradities, overtuigingen, ethos en *bestaansreden* die noodzakelijk zijn voor het voortbestaan van elk volk. Als de geschiedenis wordt aangetast door vervalsingen en weglatingen, vaak opgelegd door buitenstaanders, dan raakt de beschaving in verval en stort ze uiteindelijk in, zoals we kunnen zien aan de langzame desintegratie van de westerse beschaving sinds 1945. George Orwell verwoordde een soortgelijk gevoel in zijn *1984*, toen hij schreef: "De meest effectieve manier om een volk te vernietigen is het ontkennen en uitwissen van zijn eigen begrip van de geschiedenis."

Winston Churchill merkte ooit op dat hoe verder men teruggaat in de geschiedenis, hoe duidelijker en vanzelfsprekender de zaken worden. Door deze techniek te gebruiken, hoopt de auteur dat alle twijfels die de lezer zou kunnen koesteren over zijn analyse en uitleg van de gebeurtenissen in de moderne geschiedenis, zullen worden weggenomen, zo niet volledig uit de weg geruimd.

Opdat elke natie/staat/samenleving/gemeenschap de volledige soevereiniteit van haar onafhankelijkheid bij de behandeling van haar zaken behoudt, moet de absolute controle over de middelen die zij gebruikt om goederen en diensten uit te wisselen, berusten bij de organen die het volk vertegenwoordigen, en mag deze nooit worden gedelegeerd aan individuen of particuliere belangengroepen.

Gedurende de hele bekende geschiedenis zijn de periodes waarin de staat de controle over de geldcreatie uitoefende altijd synoniem geweest met een tijdperk van welvaart, vrede, culturele verrijking, volledige werkgelegenheid en nulinflatie. Wanneer daarentegen particuliere bankiers de controle over de geldcreatie aan zich trekken, zijn de onvermijdelijke gevolgen terugkerende cycli van armoede en welvaart, werkloosheid, endemische inflatie en een gigantisch, steeds groter wordend proces van overdracht van rijkdom en politieke macht naar de handen van deze kleine kliek, die dit uitbuitende monetaire systeem controleert. In het verleden, toen deze centrale bankiers te maken kregen met verzet van naties die streefden naar het herstel van een eerlijk monetair systeem, hebben deze parasitaire bankiers steevast een 'patriottische' oorlog ontketend om hun veelbekritiseerde 'vijand' te verslaan. Dit is het gemeenschappelijke kenmerk van alle oorlogen sinds minstens 300 jaar.

Dit boek geeft een overzicht van de manier waarop particuliere bankiers sinds mensenheugenis misbruik hebben gemaakt van het monetaire systeem, of het nu gaat om edelmetaalmunten, bankbiljetten, cheques of elektronisch geld, door uit het niets een rentedragende schuld te creëren om zo de hoogste macht naar zich toe te trekken. Het boek presenteert ook een zowel oude als moderne studie van samenlevingen en beschavingen die tot bloei zijn gekomen in een omgeving die vrij was van de last van woeker.

De oplossing is eenvoudig en voor de hand liggend. Als we onze vrijheid willen herwinnen en onze soevereiniteit willen behouden buiten de slavernij die door de particuliere bankiers wordt opgelegd, moeten we hun fractioneel reservebankstelsel en het netwerk van centrale banken ontmantelen, anders zullen we zelf vernietigd worden en tot de vergetelheid veroordeeld worden.

Stephen Mitford Goodson

Juni 2013.

HOOFDSTUK I

HOE WOEKER HET ROMEINSE RIJK HEEFT VERNIETIGD

Geld is van nature onvruchtbaar, en het is dan ook absurd en een verdraaiing van de oorspronkelijke rol ervan – namelijk dienen voor ruil en niet voor vermeerdering – om het uit zichzelf te laten groeien... We moeten de mannen haten die zich bankiers noemen, want zij verrijken zich zonder iets te doen.

- Aristoteles, *De Politica*

De monetaire systemen van het Romeinse tijdperk (753 v.Chr. – 565 v.Chr.) kunnen worden onderverdeeld in drie afzonderlijke periodes, waarin de meeteenheden van drie verschillende metalen werden gebruikt als middel om goederen en diensten uit te wisselen. Hoewel er bewijs is dat de moderne menselijke bewoning (*Homo sapiens sapiens*) op de locatie van Rome 14.000 jaar teruggaat (met Neanderthalers die daar al 140.000 jaar leefden), staat Rome als stad traditioneel bekend als gesticht door Romulus en Remus in 753 v.Chr. in de omgeving van de Palatijn, een regio die ook wel Latium wordt genoemd. Volgens de legende werd Romulus (die zijn broer Remus doodde) de eerste heerser, maar deelde hij later zijn troon met Titus Tatius, de leider van de Sabijnen.

Rond 600 v.Chr. kwam Latium onder de heerschappij van de Etrusken. Deze heerschappij duurde voort totdat de laatste koning, Tarquinius Superbus, in 509 v.Chr. werd verdreven en de Romeinse Republiek werd gesticht. De Etrusken, een volk van Arische afkomst, creëerden een van de meest geavanceerde beschavingen van die tijd en bouwden wegen, tempels en talrijke openbare gebouwen in Rome.

Het eerste ruilmiddel dat in Rome werd gebruikt, was vee. Het ging hier niet om echte munten, maar om een ruilsysteem. Veel primitieve volkeren gebruikten vee als ruilmiddel. Volgens de legende van Hercules en de stallen van Augias vormde het vee dat daar werd gehouden, meer dan 1000 stuks, de schat van koning Augias.

DE KOPERTIJD (-753 -267 V.CHR.)

Na verloop van tijd gingen de Romeinen in plaats van vee onregelmatige blokken koper of brons gebruiken. Deze blokken werden *aes rude* (ruw metaal) genoemd en moesten bij elke transactie worden gewogen.

Met de toename van de handel groeide Rome uit tot een van de meest welvarende steden van de antieke wereld. Deze welvaart was gebaseerd op niet-gemuniteerd koper en later brons, waarbij de waarde van deze metalen werd gemeten naar gewicht volgens een vast eenhedenstelsel. Ze werden door de Romeinse schatkist uitgegeven in de vorm van blokken van 1,6 kg met de volledige garantie van de staat en werden aangeduid als *aes signatum* (gestempeld metaal), omdat ze door de regering waren gestempeld met een afbeelding van een koe, een adelaar, een olifant of andere afbeeldingen. Soms werden ze in de vorm van een sint-jakobsschelp vervaardigd. In 289 v.Chr. werden deze baren vervangen door schijfvormige bronzen munten, *aes grave* (zwaar metaal) genaamd. Ze vertegenwoordigden de nationale munteenheid, werden door de staat in omloop gebracht en elk exemplaar, zeldzaam of niet, bezat slechts de waarde van het symbool waaronder het was geregistreerd. "[1] Deze munteenheid was dus gebaseerd op de wet in plaats van op de metaalinhoud (hoewel deze inhoud gestandaardiseerd was en de munten op zichzelf een intrinsieke waarde hadden, in tegenstelling tot de meeste munten van vandaag). Dit kan worden beschouwd als een primitie e voorbeeld van het succesvolle gebruik van een

[1] David Astle, *The Babylonian Woe*, Omnia Veritas Ltd, 2015. Dit systeem vertoont veel overeenkomsten met dat van *de pelonors* of ijzeren blokken, die door de Spartanen als basis voor hun monetaire stelsel werden gebruikt.

fiduciaire munteenheid.

Hoewel fiduciair geld binnen bepaalde stromingen veel kritiek krijgt, bijvoorbeeld van de volgelingen van de Oostenrijkse econoom Ludwig Von Mises,[2] vormt het geen enkel probleem, zolang het door de overheid wordt uitgegeven en niet door particuliere bankiers, en zolang het beschermd blijft tegen vervalsing. Daarentegen heeft niet-fiduciair geld het volgende nadeel: degenen die de prijzen van goud en zilver vaststellen, dat wil zeggen de particuliere bankiers, kunnen de economie van de natie controleren.

De Romeinse bronzen munten *Aes Grave* -241 -235 v.Chr.

Tot 300 v.Chr. kende het privé- en publieke vermogen van de Romeinen een ongekende groei. Dit kan worden afgemeten aan de territoriale winst. Na het einde van de Tweede Latijnse Oorlog in 338 v.Chr. en de nederlaag van de Etrusken breidde de Romeinse Republiek haar grondgebied uit van 5.525 $^{km^2}$tot 26.805 $^{km^2}$,oftewel 20% van het Italiaanse schiereiland. Samen met deze territoriale uitbreiding groeide de bevolking van ongeveer 750.000 tot een miljoen, waarvan 150.000 mensen in Rome zelf woonden.

Er werd een partnerschap gevormd tussen de Senaat en het volk, bekend onder de naam *Senatus Populusque Romanus*

[2] Ludwig Von Mises (1881-1973) is een van de leiders van de Oostenrijkse economische school en een fervent voorstander van de goudstandaard.

(SPQR, de Senaat en het Volk van Rome). De politieke leiders stonden bekend om hun soberheid en hun eerlijke deugden. De handelsmiddelen werden strikt gereguleerd in overeenstemming met de toename van de bevolking en de handel, waardoor er geen inflatie was.

Het *nexum*, de op schuld gebaseerde dienstbaarheid, waarbij een vrije man zijn diensten aanbood als garantie voor een lening plus rente, en waarbij bij niet-terugbetaling de schuld moest worden voldaan in de vorm van arbeid, werd na de opstand van het plebs afgeschaft door de *lex Poetilia*[3] in 326 v.Chr.

HET ZILVERTIJDPERK (-267 -27 V.CHR.)

Het traditionele monetaire systeem werd in 267 v.Chr. tenietgedaan toen de patriciërselite het voorrecht verkreeg om zilveren munten te slaan. Deze verandering werd gesymboliseerd door een patriciër die naar de tempel van Juno Moneta (waar de term 'munt' vandaan komt) was gegaan om een zak vol zilveren *denarii* om te wisselen tot vijf keer hun oorspronkelijke waarde, simpelweg door de munten met een nieuwe waarde te slaan. Zo stak hij een zeer aanzienlijk verschil in eigen zak.

De eerste Romeinse zilveren munt stond bekend als de *drachme* en was gemodelleerd naar een munt die in het zuiden van het Griekse schiereiland werd gebruikt. Deze werd later vervangen door een kleinere en lichtere versie, de *denarius*. Er was ook een halve *denarius*, de *quinarius* genaamd, en een kwart, *de sestertius*. Het systeem werd later verdrongen door de *victoriatus*, die iets lichter was dan de *denarius* en waarschijnlijk was ingevoerd om de handel tussen Rome en zijn Griekse buren te vergemakkelijken.

Er waren zeer weinig zilverreserves op het Italiaanse

[3] Voor een meedogenloze aanklacht tegen de schadelijke gevolgen van woekerrente voor de bevolking vóór de afkondiging van de *lex Poetilia*, zie Titus Livius, *The History of Rome*, Boek II, Engelse vertaling, William Heinemann Ltd, Londen, 1919.

schiereiland en bijgevolg moest het Romeinse leger worden uitgebreid om andere gebieden te veroveren die hierover beschikten. De Romeinse boeren, die de Republiek een z e voedselautonomie hadden verschaft, werden in groten getale in het leger gerekruteerd. De landbouwproductie, met name die van maïs, nam af en de boerenbedrijven werden vervangen door *latifundia*, grote landgoederen die door slaven werden onderhouden. Ook tarwe moest uit Noord-Afrika worden geïmporteerd.

De zilveren munt van de Romeinse Republiek, *de denarius*, met (links) de godin Juno Moneta en (rechts) een zegevierende bokser.

Spanningen rond de afspraken over het verlenen van burgerschap en vrijheid tussen Rome en zijn Italische bondgenoten leidden tot de Marsische Oorlog (-90 – 89 v.Chr.). Dit gebrek aan vrijheid had geleid tot de versnippering van de Romeinse samenleving en tot de vervreemding van de burgers uit de arbeidersklasse, die als vee werden behandeld en daardoor geen enkele verantwoordelijkheid of verplichting jegens de staat hadden. Tot aan de Tweede Punische Oorlog (-218 -201 v.Chr.) mochten zij niet in het leger dienen. Hier hebben we het klassieke voorbeeld van een gemonetariseerde samenleving. De Republiek was verzwakt en het despotisme nam toe. Piraterij was een groot probleem geworden, met overvallen aan de kust, geplunderde villa's en ontvoerde reizigers. Geweld werd endemisch en gangsters en terroristen waren actief in Rome, omdat er geen politiemacht meer was om de openbare orde te handhaven. Dit zijn de onvermijdelijke gevolgen van een samenleving waarin geld de hoogste ethische norm is geworden.

Ook politieke intriges waren schering en inslag binnen de elite. De economische ontberingen zorgden voor ontevredenheid onder de armen, die in toenemende mate bestonden uit slaven uit Noord-Afrika, wat leidde tot sociale opstanden. Deze onrust culmineerde in de opstand onder leiding van Spartacus van 73 tot 71 v.Chr. (De eerste en tweede opstand vonden plaats in 135 en 132 v.Chr. en van 104 tot 100 v.Chr.)

De rol van de Joden in de ineenstorting

De eerste bekende Joden die in 161 v.Chr. in Rome aankwamen, waren Yehuda en Macchabé. Deze Romeinse Joden waren werkzaam als ambachtslieden, handelaars en marskramers. Ze hielden zich ook bezig met het uitlenen van geld. Ze leefden in een aparte gemeenschap in speciale wijken. Ze bestuurden zichzelf volgens hun eigen wetten en waren vrijgesteld van militaire dienst.

In 139 v.Chr. werden degenen die geen Romeins burger waren door de praetor Hispanus wegens bekeringseifer het land uitgezet, maar het duurde niet lang voordat ze terugkeerden. In 19 n.Chr. zette keizer Tiberius door middel van een *senatus consultum* 4.000 Joden uit die bij diverse schandalen betrokken waren geweest, maar geen van deze uitzettingen werd naar behoren uitgevoerd en hun voortdurende aanwezigheid, met name als woekeraars, zou een belangrijke rol spelen in de neergang en de ineenstorting van het Romeinse Rijk.

De verdrijving van de Joden uit Rome door keizer Hadrianus in 35 n.Chr., zoals afgebeeld op een manuscript uit de 15e eeuw uit de bibliotheek van het Arsenaal in Parijs.

JULIUS CAESAR

Julius Caesar (-100 -44 v.Chr.) werd op 12 juli -100 v.Chr. geboren in een aristocratische familie. Hij was lang, had een lichte huid en was korte tijd werkzaam als advocaat, voordat hij een briljante militaire bevelhebber werd die tussen 59 en 52 v.Chr. Gallië (Frankrijk) veroverde. Nadat hij in 48 v.Chr. bij Pharsalus Pompeius de Grote had verslagen, werd Caesar de onbetwiste leider van de Romeinse Republiek. Bij zijn terugkeer in Italië in september 45 v.Chr. trof Caesar de straten en hele steden vol met daklozen aan die door woekeraars en monopolisten uit hun woningen en van hun land waren verdreven. 300.000 mensen moesten dagelijks worden gevoed in de openbare graanschuur. Woeker, met al zijn rampzalige gevolgen, bloeide.[4]

[4] "De keizerlijke democratie die de hele wereld onder haar heerschappij hield, van de senatoren met illustere namen tot de nederigste boer, van Julius Caesar tot de nederigste winkelier in de steegjes van Rome, allen waren overgeleverd aan de genade van een kleine groep woekeraars. " Geciteerd door G. Ferrero, *Greatness and Decline of the Roman Empire*, Vol. vi, William Heinemann Ltd, Londen, 1908, p. 223.

Het Forum Romanum werd in 54 v.Chr. in opdracht van Julius Caesar aangelegd en in 46 v.Chr. aan hem gewijd. Het was het centrum van het oude Rome, waar Caesar op 15 maart 44 v.Chr. zijn noodlottige einde vond.

De belangrijkste woekeraars, van wie de meesten joods waren[5], hanteerden rentetarieven die opliepen tot 48% per jaar. Zoals de filosoof Seneca (-4 v.Chr. – 65 n.Chr.) opmerkt in *De Superstitione*: "De gewoonten van dit zo misdadige volk hebben zo'n macht verworven dat ze nu overal zijn aanvaard. De overwonnenen dicteren de wet aan de veroveraars."

In die tijd waren er twee belangrijke politieke partijen: de *Optimates,* die zich verzamelden rond de adel, de Senaat en het kleine aantal bevoorrechten, en de *Populares,* die de gewone burgers vertegenwoordigden. Caesar nam onmiddellijk de leiding over deze laatste groep op zich.

Caesar begreep ten volle de nadelen van woeker en wist hoe

[5] Cicero, Marcus Tullius: "Rustig! Rustig! Ik wil niemand anders dan de rechters die naar mij luisteren. De Joden hebben mij al genoeg ellende bezorgd, zoals ze dat bij zoveel mannen hebben gedaan. Ik ben niet van plan om nog meer olie op het vuur te gooien. " Geciteerd door W. Grimstad, *Antizion,* Noontide Press, Torrance, Californië, 1985, 29. Cicero was de verdedigingsadvocaat in het proces tegen Flaccus, een Romeinse ambtenaar die zich had bemoeid met de goudtransporten die de Joden naar hun internationale hoofdkwartier in (toen net als nu) Jeruzalem vervoerden. Cicero zelf was niet zomaar iemand, en dat iemand van zijn kaliber "zacht moest spreken", toont aan dat hij zich in de aanwezigheid van een uiterst gevaarlijke invloedssfeer bevond. In dat geval kan men zich afvragen wie de ware vervolgers waren.

hij dit kon tegengaan. "Hij begreep de diepe waarheid dat geld een nationaal instrument is, gecreëerd door de wet voor een nationaal doel, en dat geen enkele groep mensen het recht zou mogen hebben om het uit de circulatie te halen om paniek te veroorzaken, zodat speculanten hun rentetarieven kunnen verhogen of na dergelijke crisisperiodes eigendommen tegen spotprijzen kunnen kopen."[6]

Hij voerde de volgende sociale hervormingen door:

1) De aflossing van hypothecaire leningen gebeurde op basis van de laagste taxatiewaarde die vóór de burgeroorlog bekend was. (-49 tot -45 v.Chr.)

2) Er werden verschillende amnestieën verleend voor de betaling van huur.

3) Een groot aantal arme burgers en veteranen kreeg stukken land toegewezen.

4) Er werd gratis huisvesting verstrekt aan 80.000 arme gezinnen.

5) Het soldij van de soldaten werd verhoogd van 123 tot 225 *denarii.*

6) De belasting op maïs werd gereguleerd.

7) De provinciale gemeenschappen werden geëmancipeerd.

8) De verwarring over de kalender werd opgelost door de duur ervan vast te stellen op 365^{1} /$_{4}$ dagen vanaf^{1}januari -44 v.Chr.

Zijn monetaire hervormingen waren als volgt:

1) De staatsschuld werd onmiddellijk met 25% verminderd.

2) De controle over het slaan van munten werd overgedragen van de patriciërs (woekeraars) naar de

[6] T. E. Watson, *Sketches from Roman History,* The Barnes Review, Washington, DC, 2011 (voor het eerst gepubliceerd in 1908), p. 84-85.

regering.

3) Er werden munten met een lage waarde uitgegeven als s ruilmiddel.

4) Er werd bepaald dat de rente niet hoger mocht zijn dan 1% per maand.

5) Er werd bepaald dat er geen rente mocht worden aangerekend op andere rente en dat de totale opgebouwde rente nooit hoger mocht zijn dan het oorspronkelijk geleende kapitaal. (de regel van *in duplum*)

6) Slavernij als middel om schulden af te lossen werd afgeschaft.

7) De aristocraten werden gedwongen hun kapitaal te gebruiken in plaats van het op te potten.

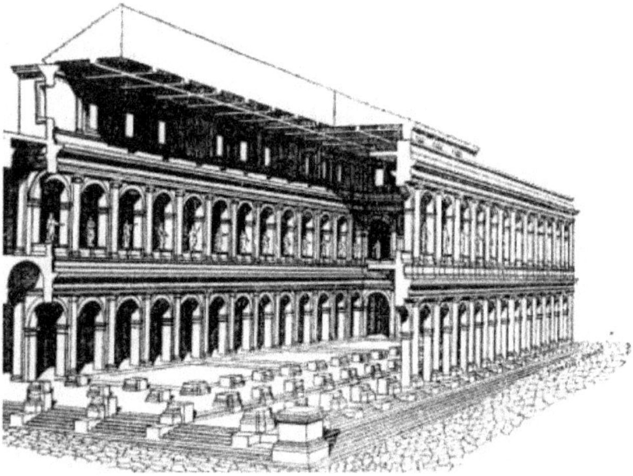

De Basilica Julia was het Romeinse gerechtsgebouw in het Forum dat in 46 v.Chr. aan Julius Caesar werd gewijd.

Deze maatregelen maakten de aristocraten en plutocraten woedend, wier 'broodwinning' ernstig werd beperkt. Daarom smeedden zij een complot om Caesar, de held van het volk, te vermoorden. Op die fatale ochtend van 15 maart 44 v.Chr., amper vier jaar nadat hij de volledige macht had gekregen, betrad hij het Senaatsgebouw zonder wapens, nadat hij zijn militaire escorte, waarmee hij zich gewoonlijk omringde, had weggestuurd. Omringd door 60 samenzweerders werd hij 23 keer doodgestoken.

DE GOUDEN EEUW (27 V.CHR. TOT 476 N.CHR.)

In 27 v.Chr., kort na de dood van Caesar (en zijn vergoddelijking), voerden de Romeinen de goudstandaard in; een besluit dat gevolgen zou hebben voor de financiële stabiliteit van het rijk en rechtstreeks zou bijdragen aan de ondergang ervan. Voorheen, ten tijde van de Romeinse Republiek, werden gouden munten alleen geslagen in geval van strikte noodzaak, zoals tijdens de Tweede Punische Oorlog of de veldtocht van Sulla. Er waren maar weinig goudmijnen in Europa, behalve in afgelegen gebieden zoals Wales, Transsylvanië en Spanje. Daardoor kon het grootste deel van de bevoorrading alleen uit het Oosten worden gehaald. Dit vereiste een groot en kostbaar leger, dat voortdurend verwikkeld was in conflicten aan de grenzen van het rijk.

De gouden munt werd een *aureus* genoemd. Ook de zilveren *denarius* was in omloop, evenals diverse koperen munten: de *sestertius*, de *dupondius* en *de as*.

De schaarste aan goud of ruilmiddelen leidde vaak tot periodes van deflatie vanwege het gebrek aan circulatie van ruilmiddelen. In 13 v.Chr. werd besloten het gewicht van de gouden *denarius* te verlagen van 122 naar 72 grain. Dit bleef de norm tot 310 n.Chr. De metalen bleven echter naar het oosten wegvloeien als betaling voor luxegoederen, religieuze bijdragen en woekerrente. Bovendien leidde de slijtage door intensief gebruik tot het verlies van een derde van alle metalen munten in omloop over een periode van 100 jaar.

Aangezien goud als handelswaar werd behandeld, werd devaluatie ervan niet getolereerd. Keizer Constantijn (275 – 337 n.Chr.) vaardigde persoonlijk de doodstraf uit voor valsemunterij en de brandstapel voor mijnwerkers die zich schuldig maakten aan vervalsing. Geldwisselaars die een vervalste gouden besant *(solidus)* niet terugstuurden, werden onmiddellijk gegeseld, tot slavernij veroordeeld en verbannen. Deze maatregelen waren doeltreffend voor de besant die 70 grain woog, iets zwaarder dan de besant die in 1025 nog in omloop was en 68 grain woog.

In 313 werd het christendom getolereerd door het Edict van Milaan, en vanaf 380 werd het door keizer Theodosius I (347 – 395 n.Chr.) tot staatsgodsdienst verheven. Vanaf die tijd kwam de monetaire macht onder het religieuze gezag van *de pontifex maximus* te staan. Een kenmerk van het keizerlijke tijdperk was sociale onrechtvaardigheid en de onderdrukking van de middenklasse door buitensporige belastingheffing. De Romeinse zakenman was geen handelaar, maar een plunderaar van de provincies, want het moederland beschikte over een zwakke industriële basis en was niet in staat de benodigde industrieproducten te vervaardigen. Naarmate de monetarisering van de samenleving voortschreed en de rijken het volk uitbuitten, werd de plebejer een soort slaaf. De afschaffing van het juryrechtsysteem was symptomatisch voor de afname van het respect en het belang dat in de Romeinse samenleving aan de gewone man werd gehecht.

Gouden munt geslagen door keizer Alexander Severus 222-235 n.Chr.

DE ROL VAN DE KERK IN DE NEERGANG EN DE VAL

De door keizer Constantijn afgekondigde belasting, waarbij $^{1/10e}$van alle inkomsten aan de christelijke kerk moest worden afgedragen, versnelde de ondergang van het rijk. Uiteindelijk kwam de kerk in het bezit van tussen een derde en de helft van alle grond en de totale rijkdom. Deze concentratie van rijkdom leidde tot een schaarste aan metaalgeld. Er was wel geld, maar het werd niet gebruikt voor de distributie of circulatie van goederen en diensten. In plaats van de opbrengst van de tienden te hergebruiken door middel van investeringen binnen de gemeenschap of door liefdadigheidswerk zoals de bouw van ziekenhuizen, scholen en bibliotheken, werden enorme goudvoorraden geconcentreerd achter de dikke muren (30,5 meter) van de vestingstad Constantinopel en het Vaticaan in Rome.

In de loop van de laatste jaren van de vijfde en de zesde eeuw was het Romeinse Rijk een parasitair organisme geworden, onderhevig aan afwisselende fasen van inflatie en deflatie. De economische ondergang ging vooraf aan de politieke val. Er was geen industriële productie meer, bijna al het voedsel moest worden geïmporteerd en woekerpraktijken werden op ongekende schaal toegepast. De rijkdommen van het rijk die niet in handen waren van de kerk, werden beheerst door 2000 Romeinse families. De rest van de bevolking leefde in armoede.

DE GEVOLGEN

De ineenstorting van het westelijke deel van het rijk in 476, na herhaalde invallen van de Goten en de Vandalen, leidde tot een donkere middeleeuwen. Er volgde een deflatoire crisis die meerdere eeuwen duurde. Volgens de United States Silver Commission van 1876 bedroeg de waarde van het edelmetaal van het Romeinse Rijk op het hoogtepunt van zijn macht 1,8 miljard dollar, maar aan het einde van de donkere middeleeuwen was dat nog maar 200 miljoen dollar. De landbouwproductie was teruggebracht tot het louter voorzien in de eerste levensbehoeften. Schepen verdwenen omdat er geen handel meer was. De handel stagneerde. De kunsten en wetenschappen gingen verloren en de kennis van bouwcement verdween.

De belangrijkste factoren voor de neergang van het Romeinse Rijk waren de concentratie van rijkdom[7], het ontbreken van mijnbouwgebieden voor industriële productie en de massale import van niet-blanke slaven, wat leidde tot de genetische achteruitgang van de natie. In de 4e eeuw waren er, als gevolg van de afnemende vruchtbaarheid van Romeinse vrouwen, vijf keer zoveel slaven als burgers. De belangrijkste economische reden was het ontbreken van een betaalbaar ruilmiddel en de verkeerde opvatting dat geld als een handelswaar moest worden beschouwd.

Vanuit economisch oogpunt zijn de lessen van de val van Rome dus dat een oneerlijk economisch systeem onvermijdelijk zal bijdragen aan de krachten van ontbinding. Geen enkele samenleving kan een onrechtvaardig economisch systeem overleven. Om een samenleving te laten functioneren en bloeien, is het absoluut essentieel dat ruilmiddelen zonder schuld en zonder rente worden uitgegeven door de wettelijke autoriteit van de staat als de eeuwige vertegenwoordiger van het volk.

---

[7] 'Toen de regering van het oude Egypte instortte, bezat 4 procent van de bevolking alle rijkdom. Toen de Babylonische beschaving ten onder ging, bezat 3 procent van de bevolking alle rijkdom. Toen het oude Perzië werd vernietigd, bezat 2 procent van de bevolking alle rijkdom. Toen het oude Griekenland in puin lag, bezat een half procent van de bevolking alle rijkdom. Toen het Romeinse Rijk instortte, bezaten tweeduizend mensen alle rijkdom van de beschaafde wereld. Daarna volgde de donkere middeleeuwen, waaruit de wereld pas tevoorschijn kwam toen de rijkdom niet meer zo geconcentreerd was. Vandaag de dag controleert minder dan één procent van de bevolking 90 procent van de rijkdom in de Verenigde Staten." – Geciteerd door R. Maguire, in "Money Made Mysterious", *American Mercury* magazine, New York, 1958, 98. (*American Mercury* werd in 1924 opgericht door H. L. Mencken.

HOOFDSTUK II

DE GEHEIME OORSPRONG VAN DE BANK VAN ENGELAND

... alle grote gebeurtenissen zijn verdraaid, de meeste belangrijke oorzaken verborgen... Als de geschiedenis van Engeland ooit wordt geschreven door iemand die daar de kennis en de moed voor heeft, zal de wereld versteld staan.

– Benjamin Disraeli,
premier van Groot-Brittannië.

HET OUDE ENGELAND

Koning Offa regeerde van 757 tot 791 n.Chr. over het Koninkrijk Mercia[8], dat in het noorden werd begrensd door de rivieren Trent en Mersey, in het zuiden door de vallei van de Theems, in het westen door Wales en in het oosten door East Anglia en Essex. Het behoorde tot de zeven autonome koninkrijken van de Angelsaksische Heptarchie.

Offa was een verstandig en bekwaam bestuurder en een grootmoedig heerser. Hij voerde in Engeland het eerste monetaire stelsel in. Omdat goud schaars was, gebruikte hij zilver om munten te slaan en als middel om rijkdom op te slaan. De standaard ruileenheid was het zilveren pond, onderverdeeld in 240 pennies. De pennies waren voorzien van een ster (van het Oudengelse *stearra*), waaraan de term sterling is ontleend. In 787 voerde koning Offa een wet in die woeker verbood, d.w.z. het aanrekenen van rente op geleend geld, een concept dat teruggaat tot de heidense tijd. De wetten tegen woeker werden aangescherpt door koning Alfred (865-899), die verordende dat de bezittingen van woekeraars in beslag moesten worden genomen, terwijl Edward de Belijder

[8] Latinisering van Mierce.

(1042-1066) in 1050 niet alleen de inbeslagname van hun bezittingen verordende, maar woekeraars ook vogelvrij verklaarde en hen voor het leven verbande.

EERSTE MIGRATIE EN VERDRIJVING VAN DE JODEN

De joden kwamen in 1066 naar Engeland, aan de vooravond van de overwinning van Willem de Veroveraar op koning Harold II bij Hastings op 14 oktober. Deze joden kwamen uit Rouen, 120 kilometer van de kliffen van Normandië, waar Willem de Veroveraar als onwettige zoon, Willem de bastaard, was geboren. Hoewel de historische archieven niet aangeven dat zij het idee van een militaire invasie van Engeland hadden gepromoot, hadden deze Joden deze in ieder geval gefinancierd. Voor deze steun werden zij rijkelijk beloond door toestemming te krijgen om onder koninklijke bescherming woekerpraktijken te bedrijven.[9]

De gevolgen voor het Engelse volk waren rampzalig. Door een rente van 33% per jaar te rekenen over de door edelen verpande gronden en 300% per jaar over de handelsgoederen of onroerend goed van arbeiders, was binnen twee generaties een kwart van alle Engelse gronden in handen van Joodse woekeraars. Toen hij in 1186 stierf, werd Aaron van Lincoln uitgeroepen tot de rijkste man van Engeland en werd geschat dat zijn fortuin dat van koning Hendrik II overtrof.[10] Anderzijds waren de Joodse immigranten erop uit om de ethiek van de gilden te ondermijnen en maakten ze de Engelse kooplieden woedend door een grote verscheidenheid aan goederen onder één dak te verkopen. Ze speelden ook een vooraanstaande rol bij het uitsnijden van zilveren munten en het omsmelten ervan tot baren, om vervolgens de tinnen munten ermee te bekleden.

Dr. William Cunningham, de beroemde econoom, vergelijkt “de activiteiten van de Joden in Engeland sinds de elfde eeuw

---

[9] S. M. Goodson, In praise of Medieval England, *Spearhead*, juli 2005.
[10] R. Chazan, *The Jews of Medieval Western Christendom 1000-1500*, Cambridge University Press, New York, 2006, p. 159.

met een spons die alle rijkdom van het land opzuigt en zo de economische ontwikkeling belemmert. Het is ook interessant om op te merken dat zelfs in die verre tijd de regering alles in het werk stelde om de Joden aan te moedigen zich met eerlijke handel bezig te houden en zich daardoor te assimileren met de rest van de bevolking, maar dit alles zonder enig positief resultaat."[11]

Aan het begin van de 13e eeuw liepen veel edelen het risico hun land te verliezen als gevolg van woeker en belastingen. In 1207 werd een enorm bedrag van £60.000 aan belastingen geheven bij de christelijke bevolking. Ook de Joden betaalden belasting, maar tegen een verlaagd tarief en over een vermogen en inkomen dat sterk werd onderschat.[12] De edelen die geld leenden van joodse woekeraars en van de koning en zijn ambtenaren, moesten hun hypotheek laten registreren in de schatkistregiisters. Zodra een edelman in financiële moeilijkheden kwam, kocht de koning de schuld van de geldschieter op en nam hij het land voor zichzelf in beslag. Koning Jan (1199-1216) was "volkomen onverantwoordelijk" in de uitvoering van dit oneerlijke en verdorven beleid, en was bovendien "losbandig, incompetent en volledig in de greep van zijn Joden."[13]

Koning Jan van Engeland ondertekent de Magna Carta (Grote Oorkonde)

[11] W. Cunningham, *The Growth of English Industry and Commerce during the Early and Middle Ages*, Cambridge University Press, 3e druk, 1896, p. 201.
[12] Oorsprong van de Magna Carta, *The Occidental Observer*, 19 mei 2013.
[13] Ibid.

in Runnymede in 1215.

In 1215 kwamen de edelen in opstand en dwongen koning Jan op 15 juni 1215 de Magna Carta te ondertekenen. Dit document, de ' ', bevat 61 clausules met betrekking tot de vaststelling van diverse constitutionele en wettelijke rechten, maar het belangrijkste doel ervan was het juk van de joodse geldschieters te doorbreken en woeker en de bevoorrechte positie van de joden af te schaffen. Op 19 oktober 1216 stierf koning Jan en werd hij opgevolgd door zijn negenjarige zoon Hendrik III, die regeerde van 1219 tot 1272. Zijn regering verliep onder gunstiger omstandigheden dan die van zijn vader en 19 van de bepalingen betreffende de Joden werden het jaar daarop ingetrokken. Zijn erfgenaam, echter, Edward Ier (1272-1307) besefte al snel dat de Joden geen plaats hadden in de Engelse samenleving[14] en dat hij, als hij geen maatregelen zou nemen, het risico liep zijn troon te verliezen. In 1233 en 1275 werden de Statuten van de Joodse wijk afgekondigd, die elke vorm van woeker afschaften. Aangezien veel van deze Joden niet langer 'in hun levensonderhoud konden voorzien', vaardigde koning Edward op 18 juli 1290 een decreet uit dat de gehele Joodse bevolking, bestaande uit 16.511 inwoners,

[14] De rituele moord op christelijke jongens in de vroege puberteit was de kritieke drempel die leidde tot de verdrijving van de Joden. Tijdens het Joodse Pascha werd een jongen gevangengenomen en vervolgens doodgebloed. Zijn bloed werd vervolgens vermengd met ongezuurd deeg, gebakken en later geconsumeerd als rabbijnse koekjes. Het eerste bekende geval vond plaats in 1144 en het beroemdste van allemaal was dat van Little St Hugh in Lincoln in 1255. Koning Hendrik III gaf persoonlijk opdracht tot een gerechtelijk onderzoek, dat een forensisch onderzoek door de rechters omvatte. 91 Joden werden gearresteerd wegens hun betrokkenheid bij deze gruwelijke moord, waarbij het slachtoffer werd gemarteld, gekruisigd, doodgebloed en in een put gegooid. De details van het proces zijn vastgelegd in de Close Rolls of the Realm en de Patent Rolls van het Nationaal Archief over Hendrik III in Kew, Richmond, in Surrey, TW9 4DU. Geoffrey Chaucer schreef een gedicht ter herdenking van de moord op Little Hugh in het Verhaal van de Abdis, dat deel uitmaakt van *de Verhalen van Canterbury*. De gebroeders Grimm schreven *"Der Judenstein "* (De Jodensteen) over de rituele moord op de driejarige Andreas (Anderl) Oxner in Rinn, Oostenrijk, in 1492. In *In My Irrelevant Defence: Meditations Inside Gaol and Out on Jewish Ritual Murder,* The I.F.L. Printing and Publishing Co., Londen, 1938, p. 57, legt Arnold Leese uit dat deze rituele moorden nog steeds werden gepleegd in de 20^e^ eeuw. In februari 2007 schreef de Israëlische professor Ariel Toaff, de zoon van Elio Toaff, de voormalige opperrabbijn van Rome, *Pasque di sangue: Ebrei d'Europa e omicidi rituali* (*Bloedige Pasen: De Joden van Europa en hun rituele moorden*), waarin hij de frequentie van rituele moorden in het middeleeuwse Italië bevestigt. Voor een analyse van zijn werk, zie *The Bloody Passovers of Dr Toaff,* door Israel Shamir www.israelshamir.net/English/Eng11.htm

dwong Engeland voorgoed te verlaten.[15] Een van de meer dan honderd verdrijvingen die in de loop van de Europese geschiedenis hebben plaatsgevonden. De aankondiging werd in het hele land met grote vreugde ontvangen. In tegenstelling tot de moderne praktijk van etnische zuivering, mochten de Joden, nadat ze een belasting hadden betaald ter waarde van$^{1/15e}$van de waarde van hun bezittingen en$^{1/10e}$van hun liquide middelen, vertrekken met al hun bezittingen. Elke Jood die na 1 november 1290 (Allerheiligen) in het koninkrijk bleef, liep het risico te worden geëxecuteerd.

De Glorieuze Middeleeuwen

Met de verbanning van geldschieters en de afschaffing van woeker[16] werden de belastingen weer gematigd en was er geen staatsschuld meer, omdat de renteloze telstok[17] werd gebruikt voor de overheidsuitgaven. Dit oude financiële instrument, dat bekend was bij de Saracenen en waarschijnlijk ook bij de Chinezen, is afgeleid van het Latijnse woord *tallia*, wat 'stok' betekent. Een telstok werd gemaakt van een tak van een hazelaar, wilg of buxus, omdat deze houtsoorten gemakkelijk te delen waren. Ze waren doorgaans acht inch (20,3 cm) lang (de afstand tussen wijsvinger en duim) en een halve inch (1,3 cm) breed, hoewel ze tot wel acht voet (2,44 m) lang konden zijn. De waarden werden aangegeven door de grootte van de inkepingen in het hout. £1.000 werd gemarkeerd door een inkeping ter breedte van een handpalm, £100 door de breedte van de pink, £1 door die van een gezwollen gerstkorrel, shillings werden gemarkeerd door nog kleinere inkepingen en pence door inkepingen. De begunstigde werd op de platte zijden vermeld. Wanneer alle details op de stok waren aangegeven, werd deze vlak bij het onderste deel doorgesneden, zodat een deel een knoop of een merkteken

[15] D. Astle, *The Tallies, A Tangled Tale and The Beginning and the Ending*, in eigen beheer uitgegeven in Toronto, 1997, p. 40 & 43. Astle legt uit dat sommige van deze Joden zich in Zwitserland vestigden en de drie oorspronkelijke kantons Uri, Schwyz en Ob stichtten – en een jaar later Nidwalden.

[16] In 1364 gaf Edward III de City of London toestemming om een *Ordinatio contro Usurarios* uit te vaardigen en in 1390 werd nog een wet uitgevaardigd.

[17] D. Astle, op. cit., p. 12-17.

behield waarop een gat kon worden geboord. Dit stond bekend als de tegenstok of het ontvangstbewijs en werd bewaard aan een stang in de Exchequer (de Rekenkamer). Het platte stuk (zonder het stompje) werd aan de begunstigde gegeven. Aangezien geen enkel stuk hout identiek is, was het onmogelijk om een telstok te vervalsen. Deze betalingsinstrumenten werden voor het eerst ingevoerd tijdens het bewind van koning Hendrik II (1100-1135) en zouden tot 1783 in omloop blijven.[18] Het was echter in de periode 1290-1485 dat de stokken hun hoogtepunt bereikten en de belangrijkste financieringsmiddelen van de staat vormden. De stokken werden niet alleen gebruikt om de ambtenaren van de staat te betalen, maar ook om belangrijke infrastructuur te financieren, zoals de bouw van de stadsmuur van Londen, openbare gebouwen en havens. Het exacte aantal staven dat in omloop was, is niet bekend, maar nog in 1694 was er voor een waarde van 17 miljoen pond in omloop. Dit was een enorm bedrag, aangezien de jaarlijkse begroting van de koning zelden meer dan 2,5 miljoen pond bedroeg en een pachter één penny per dag verdiende.

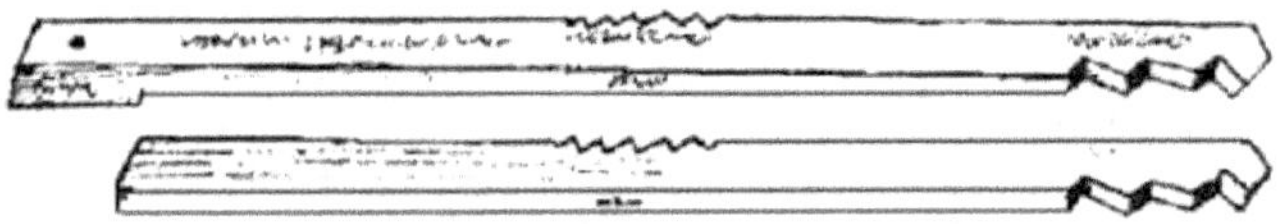

De middeleeuwse boekhoudstokken uit de 15ᵉeeuw

Met een redelijk belastingtarief,[19] geen staatsschuld en geen rente te betalen, beleefde Engeland een ongeëvenaarde periode van groei en welvaart. De gemiddelde boer werkte slechts 14 weken per jaar en genoot van 160 tot 180 vakantiedagen.

[18] In een ultieme ironie werden op 16 oktober 1834 stapels gebroken telstokken gebruikt om het Lagerhuis te verwarmen. Het vuur dat hierdoor ontstond, was zo hevig dat het onbeheersbaar werd en het hele complex verwoestte, met uitzondering van Westminster Hall en het St Stephen's Cloister (het klooster van Sint-Stefanus). Bij de wederopbouw van het Lagerhuis werd het vloermozaïek bij de ingang ontworpen in de vorm van een gigantische Davidster (waarschijnlijk onder invloed van Rothschild).

[19] G. M. Trevelyan schrijft in zijn *English Social History, A Survey of Six Centuries Chaucer to Queen Victoria*, Longmans Green and Co. Londen, 1948, dat Engeland: "een land was waar de mensen niet onder de belastingen leden", p. 63, en dat: "de hardnekkige weigering om belastingen te betalen kenmerkend was voor de Engelsen in die tijd," p. 107.

Volgens Lord Leverhulme,[20] een schrijver uit die tijd: "De mannen van de 15e eeuw werden zeer goed betaald", zo goed zelfs dat de koopkracht die hun lonen en levensstandaard garandeerden pas in de 19e eeuw zou worden overtroffen. Een boer kon in het welzijn en alle behoeften van zijn gezin voorzien. De boeren waren goed gekleed in wollen kleding en beschikten over vlees en brood in overvloed.

Aangezien de boeren slechts 14 weken per jaar hoefden te werken, besteedden velen van hen hun vrije tijd aan de bouw van de prachtige kathedralen van Engeland. De kathedraal van York werd in 1472 voltooid en beschikt over het grootste oppervlak aan glas-in-loodramen ter wereld.

Houston Stewart Chamberlain, de Engels-Duitse filosoof, bevestigt deze levensomstandigheden in zijn *Foundations of the XIXthCentury:*

> „In de dertiende eeuw, toen de Germaanse volkeren begonnen met de opbouw van hun nieuwe wereld, waren de boeren in heel Europa vrije mensen, met een veel zekerder bestaan dan vandaag de dag; het *copyhold*[21] was de regel, zodat bijvoorbeeld Engeland – tegenwoordig

[20] R. K. Hoskins, *War Cycles – Peace Cycles,* The Virginian Publishing Company, Lynchburg, Virginia, 1985, p. 54.

[21] Het *copyhold* was een vorm van feodaal grondbezit die eigen was aan Engeland en voortkwam uit het lijfeigenschapssysteem.

> een plaats van feodalisme ten gunste van de landeigenaren – zelfs in de vijftiende eeuw een land was dat volledig in handen was van duizenden boeren, die niet alleen de wettelijke eigenaren van hun land waren, maar bovendien gelijkwaardige rechten hadden ten aanzien van de weiden en bossen."[22]

In hun vrije tijd zetten veel ambachtslieden vrijwillig hun talenten in om enkele van de mooiste kathedralen van Engeland te bouwen, wat een van de basisprincipes van de westerse beschaving onderstreept, namelijk dat zonder vrije tijd de bloei van de cultuur onmogelijk is. George Macauley Trevelyan, de Engelse historicus, beschrijft deze prestaties als volgt:

> "De voortdurende maar steeds evoluerende traditie van de kerkelijke architectuur zette zich op majestueuze wijze voort en vulde Engeland met prachtige bouwwerken die noch door de ouden, noch door de modernen ooit zijn geëvenaard... In de nieuwe kerken sijpelde het licht niet langer naar binnen, maar overspoelde het nu de ruimtes via de glas-in-loodramen, waarvan het fabricagegeheim vandaag de dag nog vollediger verloren is gegaan dan de magie van deze architectuur."[23]

Hoewel koning Hendrik VIII (1509-1547) in 1509 de wetten inzake woeker versoepelde, werden deze later door zijn zoon, koning Edward VI (1547-1553), ingetrokken door een wet uit 1552, waarvan de preambule bepaalde dat "woeker volgens het woord van God volledig verboden is, als een van de meest verfoeilijke en verachtelijke ondeugden..."

---

[22] H. S. Chamberlain, *The Foundations of the Nineteenth Century*, The Bodley Head, Londen, 1912, deel II, p. 354-355.
[23] G. M. Trevelyan, op. cit., p. 51.

EINDE VAN EEN GOUDEN EEUW

Merrie England (het gelukkige Engeland) in de 15^{e}eeuw – Viering van 1 mei met dansen rond de meiboom.

In de^{17e}eeuw kwam er een tragisch einde aan dit gouden tijdperk. Een groot aantal Joden, die in 1492 door Isabella ^{I}van Castilië en Ferdinand II van Aragon[24] uit Spanje waren verdreven vanwege hun herhaaldelijke woekerpraktijken en oneerlijke handelspraktijken, hadden hun toevlucht gevonden in Holland. Hoewel de Nederlanders in die tijd een belangrijke zeemacht waren, wilden de in Amsterdam gevestigde joodse woekeraars terugkeren naar Engeland, waar hun vooruitzichten om de activiteiten van hun geldleningimperium uit te breiden veelbelovender waren.

Tijdens het bewind van koningin Elizabeth ^{I}(1558-1603) vestigde zich een klein aantal Spaanse marranen, die zich tot een schijnchristendom hadden bekeerd, in Londen. Velen van hen waren goudsmid en namen goud in bewaring, waarna ze

[24] Het decreet van Alhambra, ook bekend als het Uitdrijvingsedict.

voor tien keer de waarde van het bewaarde goud bankbiljetten aan toonder uitgaven, oftewel leningen tegen rente. Deze ontvangstbewijzen, de voorloper van het frauduleuze banksysteem van fractioneel reservebankieren, werden aanvankelijk tegen 8% jaarlijkse rente uitgeleend aan de Kroon of de Schatkist, maar volgens Samuel Pepys,[25] de kroniekschrijver en secretaris van de Admiraliteit, stegen de rentetarieven tot 20% en zelfs 30% per jaar.[26] De rentetarieven die de kooplieden betaalden, overschreden vaak 33% per jaar, ook al bedroeg de wettelijke rente slechts 6% per jaar.[27] De arbeiders en de armen droegen de last van deze exorbitante rentetarieven door 60%, 70% of zelfs 80% per jaar te moeten betalen.[28] Volgens Michael Godfrey, de auteur van het pamflet getiteld *A Short Account of the Bank of England*, ging er twee tot drie miljoen pond verloren door de faillissementen van de goudsmeden en de verdwijning van hun klerken.[29]

CROMWELL EN DE ENGELSE BURGEROORLOG

In 1534 werd de Anglicaanse Kerk door koning Hendrik VIII via de Supremacy Act tot officiële godsdienst van Engeland uitgeroepen. In de 16e en 17e eeuw kregen de puriteinse geloofsovertuigingen, die waren gebaseerd op de leer van John Wycliffe en Jean Calvin[30], steeds meer aanhangers. De puriteinen beschouwden de Bijbel als de ware wet van God en legden de nadruk op het lezen van de Bijbel, het gebed en de prediking, evenals op de vereenvoudiging van de sacramentele rituelen.

---

[25] A. M. Andreades, *History of the Bank of England*, P. S. King & Son Ltd, Londen, 1935, p. 35. Pepys beschrijft deze exorbitante rentetarieven als een "verschrikkelijke schande".
[26] Ibid., p. 24. De auteur heeft zich ook gebaseerd op het werk van Isaac Disraeli, *Usurers of the Seventeenth Century*.
www.gutenberg.org/ebooks/16350?msg=welcome_stranger
[27] Ibid., p. 24.
[28] Ibid., p. 47.
[29] Ibid., 24-25.
[30] A. H. M. Ramsay, *The Nameless War*, Britons Publishing Co., Londen, 1952, p. 11, onlangs herdrukt door Omnia Veritas Ltd. Calvijn kwam uit Frankrijk, waar zijn naam Cauin werd gespeld, een variant van Cohen. Tijdens een bijeenkomst van de B'nai B'rith in Parijs, beschreven in *La Gazette Catholique* van februari 1936, werd bekendgemaakt dat hij van joodse afkomst was.

Koning Charles I van het Huis Stuart (1625-1649), die de voorrang van de Anglicaanse Kerk wilde handhaven, raakte verwikkeld in een hevig conflict met de puriteinen, die grote vooruitgang boekten bij het bekeren van de bevolking. Na de moord op de vertrouwde vriend en adviseur van Charles, de hertog van Buckingham, in 1628, raakte hij steeds meer geïsoleerd.

De toenemende religieuze verdeeldheid bood een perfecte kans voor de joodse samenzweerders om uit te buiten. Zoals Israël Disraeli, de vader van premier Benjamin Disraeli, schrijft in zijn werk *The Life and Reign of Charles I*: "De natie werd slim verdeeld in 'sabbatariërs' aan de ene kant en sabbatschenders aan de andere kant.[31]

In 1640 organiseerde een van de leiders van de clandestiene joodse gemeenschap, Fernandez Carvajal, een koopman en spion, die ook bekend stond als de 'Grote Jood', een gewapende militie van ongeveer 10.000 leden, die werd ingezet om de bevolking van Londen te intimideren en verwarring te zaaien. Er werden ook grote aantallen pamfletten en brochures verspreid.[32]

Er volgde een burgeroorlog tussen de royalisten (anglicanen) en de Roundheads (puriteinen), die duurde van 1642 tot 1648. De Roundheads, met hun 'nieuwste model leger', behaalden de overwinning en maakten naar schatting 190.000 slachtoffers onder de bevolking, oftewel 3,8%. De leider van de Roundheads was Oliver Cromwell (1599-1658), wiens 'nieuwste model leger' niet alleen was uitgerust en getraind door de ondernemer en professionele opruier Fernandez Carvajal, maar ook werd gefinancierd door de joodse woekeraars uit Amsterdam. De leider van de Nederlandse joden, Manasseh Ben Israel,[33], stuurde smekende verzoeken naar Cromwell met de vraag of hij de joden toestemming wilde geven om naar Engeland terug te keren in ruil voor de financiële gunsten die hij hem zo gul had verleend.[34]

---

[31] Ibid., p. 11.
[32] Ibid., p. 12-13.
[33] Ibid., p. 13.
[34] A. M. Andreades, op. cit., p. 30.

Een pamflet uit 1650 waarin **Oliver Cromwell** als vorst van Engeland.

DE KONINGSMOORD OP KONING KAREL I

De verraaddadige handelingen van Cromwell worden onthuld in zijn briefwisseling met de synagoge van Mulheim, in Duitsland.

> Op 16 juni 1647
>
> Van Oliver Cromwell aan Ebenezer Pratt
>
> "In ruil voor financiële steun zal ik de hertoelating van de joden in Engeland toestaan: dit is echter onmogelijk zolang Charles nog in leven is. Charles kan niet zonder proces worden geëxecuteerd, en er zijn op dit moment geen gronden voor een aanklacht. Ik stel daarom voor dat Charles wordt vermoord, maar ik wil niets te maken hebben met de regelingen om een moordenaar te vinden, hoewel ik bereid ben hem te helpen bij zijn vlucht."

Hier volgt het antwoord op deze brief:

Op 12 juli 1647,

Aan Oliver Cromwell, namens Ebenezer Pratt

"Zal financiële steun verlenen zodra Charles is onttroond en de joden weer zijn toegelaten. Moord is te gevaarlijk. We moeten Charles laten ontsnappen: zijn gevangenneming maakt het proces en de executie mogelijk. Onze steun zal belangrijk zijn, maar het heeft geen zin om de voorwaarden te bespreken voordat het proces begint."[35]

Koning Charles werd gevangen gehouden in Holmby House, in Northamptonshire. Op 4 juni 1647 namen 500 revolutionairen hem gevangen, maar lieten hem vervolgens ontsnappen naar het eiland Wight, waar hij later werd gearresteerd. Op 5 december 1648 besloot het Lagerhuis dat "de concessies van de koning bevredigend waren en tot een akkoord konden leiden."[36]

De executie van koning Karel I op een gravure uit die tijd

[35] A. H. M. Ramsay, op. cit., p. 14-15. Volgens een brief gepubliceerd in *Plain English* op 3 september 1921: "De Wijzen van Sion bestaan al veel langer dan men denkt. Mijn vriend, de heer L. D. Van Valckert uit Amsterdam, stuurde me onlangs een brief met twee fragmenten die in de synagoge van Mulheim zijn gevonden. Het boek waarin ze staan, raakte tijdens de Napoleontische oorlogen zoek en is onlangs in het bezit gekomen van de heer Van Valckert. Ze zijn in het Duits geschreven en bevatten citaten uit brieven die de autoriteiten van de synagoge van Mulheim hebben ontvangen."
[36] Ibid., p. 16.

Cromwell begon vervolgens met de zuivering van het Lagerhuis, bijgestaan door kolonel Pryde, totdat er slechts een "restparlement" van 50 leden overbleef, dat vervolgens passief instemde met het proces tegen de koning. Geen enkele Engelse jurist wilde een aanklacht tegen de koning opstellen. Deze werd uiteindelijk opgesteld door een Nederlandse jood, Isaac Dorislaus. De koning werd gedwongen deel te nemen aan het vervalst proces dat plaatsvond in het Hooggerechtshof, waarvan tweederde van de leden Levelers waren[37], die tot het leger behoorden. Charles weigerde te pleiten, maar werd schuldig bevonden en op 29 januari 1649 geëxecuteerd. Toen de stoet het schavot naderde, riep een groot deel van de menigte "God Save the King!" ("God redde de koning!"). Na de executie verspreidde zich een golf van angst onder het volk.

DE TWEEDE JOODSE IMMIGRATIE

Van 7 tot 18 december 1655 hield Cromwell, die zich ' ' Lord Protector (Beschermheer) noemde, een conferentie in Whitehall, Londen, om goedkeuring te verkrijgen voor een nieuwe grootschalige immigratie van Joden. Hoewel de conferentie vol zat met aanhangers van Cromwell, was de overweldigende consensus onder de afgevaardigden, die voornamelijk bestonden uit priesters, juristen en kooplieden, dat de Joden niet mochten terugkeren naar Engeland.[38] In oktober 1656 kregen de eerste Joden stiekem toestemming om vrij in Engeland aan land te gaan, ondanks de protesten van de subcommissie van de Raad van State, die had verklaard dat deze Joden “een ernstige bedreiging vormden voor de staat en de christelijke religie”. "[39] "Alle kooplieden, zonder uitzondering, verzetten zich tegen de hertoelating van de Joden. Zij verklaarden dat de immigranten schadelijk zouden zijn voor het land en dat hun toelating buitenlanders zou

[37] Een informele alliantie van opruiers en pamflettisten, die de voorlopers waren van de jakobijnen en de bolsjewieken.
[38] H. S. A. Henriques, Les Juifs et la loi Anglaise IV, *The Jewish Quarterly Review*, Vol. 14, No. 4, juli 1902, p. 653-697.
[39] A. H. M. Ramsay, op. cit., p. 16-17.

verrijken ten koste van de Engelsen."[40]

Cromwell stierf op 3 september 1658 en werd opgevolgd door zijn zoon, Richard, die negen maanden regeerde. De zoon van Karel I, Karel II (1660-1685), besteg opnieuw de troon van zijn vermoorde vader. Hoewel hij de laatste Engelse vorst was die geld uitgaf (in de vorm van bankbiljetten), beging hij twee fatale politieke fouten. Op 1 augustus 1663 vaardigde hij de wet uit met de eufemistische titel: Wet ter Bevordering van de Handel, die "de uitvoer van alle gouden en zilveren munten en baren naar het buitenland toestond, vrij van elke beperking en regelgeving van welke aard dan ook. "[41] Tijdens het debat over het wetsontwerp merkte de graaf van Anglesey met vooruitziende blik op "dat het gevaarlijk was voor de vrede van het koninkrijk dat het overgeleverd was aan de genade van een handvol ontevreden en opstandige superrijken die een bank (een orgaan voor vermogensopbouw) konden vormen op basis van onze eigen munteenheid en onze goudreserves, overzee, waardoor wij een tekort aan liquide middelen zouden krijgen wanneer het niet (meer) in de macht van de koning ligt om dit te ver."[42]

[40] A. M. Hyamson, *A History of the Jews in England*, Methuen, 1928, zoals geciteerd door A. N. Field, *All These Things*, Omni Publications, Hawthorne, Californië, 1936, p. 215.
[41] D. Astle, op. cit., p. 44.
[42] A. Del Mar, *The History of Money in America from the Earliest Times to the Establishment of the Constitution*, Omni Publications, Hawthorne, Californië, 1966, (voor het eerst gepubliceerd in 1899), p. 66.

TO THE
Parliament, The Supream Court of
ENGLAND,
And to the Right Honourable the Councell of State, Menaſſeh Ben Iſrael, *prayes God to give Health, and all Happineſſe*:

IT is not one cauſe alone (moſt renowned Fathers) which uſeth to move thoſe, who deſire by their Meditations to benefit Mankind, and to make them come forth in publique, to dedicate their Books to great Men; for ſome, and thoſe the moſt, are incited by Covetouſneſſe, that they may get money by ſo doing, or ſome peece of Plate of gold, or Silver; ſometimes alſo that they may obtaine their Votes, and ſuffrages to get ſome place for themſelves, or their friends. But ſome are moved thereto by meere and pure friendſhip, that ſo they may publickly teſtifie that love and affection, which they bear them, whoſe names they prefixe to their Books; let the one, and the other, pleaſe themſelves, according as they delight in the reaſon of the Dedication, whether it be good or bad; for my part, I beſt like them, who do it upon this ground, that they may not commend themſelves, or theirs, but what is for publick good.

As for me (moſt renowned Fathers) in my dedicating
A 2 this

(3)

Pamflet gepubliceerd door Menasseh ben Israel om de hertoelating van Joden in Engeland te bevorderen.

Drie jaar later, door middel van een wet ter bevordering van de muntslag, stelde hij particulieren, d.w.z. bankiers en edelsmeden, in staat om de munten van het koninkrijk te slaan in de Royal Mint (de Koninklijke Munt) en zo het aanzienlijke voorrecht van het seigniorage (het verschil tussen de nominale waarde van de munten en hun productiekosten) te verwerven als inkomsten voor hun eigen gewin. Bovendien konden zij hierdoor de geldhoeveelheid in omloop naar eigen goeddunken vergroten of verkleinen en zo de prijzen naar believen verhogen of verlagen, ten koste van de rest van de bevolking.

De regering van zijn broer, James II (1685-1688), duurde slechts drie jaar. Hij werd het slachtoffer van pamfletten en gewetenloze propaganda die voornamelijk uit Nederland afkomstig was. Een militaire expeditie onder leiding van prins Willem van Oranje onttroonde hem uiteindelijk definitief. Hoewel het leger van James in de meerderheid was, werd hij ontmoedigd om aan te vallen nadat John Churchill, de eerste hertog van Marlborough, hem plotseling in de steek had gelaten. Volgens de *Jewish Encyclopedia* ontving Churchill vervolgens een jaarlijkse rente van £6.000 van de Nederlandse jood Salomon de Medina als beloning voor zijn verraad.[43] Dit grote bedrag, "de prijs van het bloed", stelde Churchill in staat om de bouw van het paleis van Blenheim te beginnen, dat bij zijn dood in 1722 werd voltooid.

De militaire campagne van Willem van Oranje werd, net als die van de andere Willem de Veroveraar in 1066, gefinancierd door joodse bankiers. In ruil voor hun steun stond Willem III (1689-1702) het koninklijk voorrecht om de Engelse munt uit te geven, vrij van schulden en rente, af aan een consortium dat bekend stond als de Gouverneur en Compagnie van de Bank van Engeland. A. N. Field vat in zijn boek *All these Things* de gebeurtenissen uit die tijd als volgt samen:

> "Drieëndertig jaar nadat Cromwell de Joden had toegestaan terug te keren naar Engeland, kwam een Nederlandse prins vanuit Amsterdam aan, omringd door een zwerm Joden uit dit financiële centrum. Hij verdreef zijn zwager [James II] uit het koninkrijk en stemde er gracieus mee in om op de troon van Engeland plaats te nemen. Het natuurlijke gevolg van deze gebeurtenis was de invoering van de staatsschuld, door de oprichting zes jaar later van de Bank of England, die tot doel had de Kroon tegen e geld te lenen. Engeland had op zijn eigen manier geleefd voordat de Joden voet aan wal zetten. De pandjeshuishouder was vanaf dat moment aan de macht, en de situatie waarin de natie zich vandaag de dag bevindt, kan niet beter worden beschreven dan in de

[43] A. H. M. Ramsay, op. cit., p. 18.

woorden van Shakespeare, toen hij met een profetische visie deze woorden in de mond legde van de stervende Jan van Gent:

> *Dit vaderland van zoveel dierbare zielen, dit dierbare, dierbare vaderland, Geliefd om zijn glorie in de wereld,*
> *is nu verpacht, ik sterf terwijl ik dit verklaar,*
> *Als een leengoed of een ellendige boerderij*
> *Dit Engeland, gelegen aan een triomfantelijke zee,*
> *Wiens rotsachtige kust de jaloerse aanval*
> *Van de natte Neptunus, is nu overgeleverd aan schande*
> *Bij de inktvlekken en het verrotte perkament! Dit Engeland, dat er een gewoonte van maakte anderen tot slaaf te maken, heeft op schandelijke wijze zijn eigen slavernij bezegeld!*
>
> - Richard II, Acte II, Scène I

"De geschiedenis van de tweede vestiging van de Joden in Engeland is niets anders dan een lange reeks verplichtingen, opgeschreven op perkament, die de natie door schulden ketenen. Elke stap in de opmars van de Joden in de zaken van de natie werd gekenmerkt door de toename en vermenigvuldiging van de schuld."[44]

DE OPRICHTING VAN DE BANK OF ENGLAND

De noodzaak om een particuliere centrale bank op te richten werd naar voren gebracht door een gepensioneerde piraat, de '[45] ' William Paterson, toen hij in 1693 een pamflet schreef met de titel *A Brief Account of the Intended Bank of England.*[46] Later pochte hij dat deze Bank "de rentewinsten binnenhaalt op het geld dat zij uit het niets creëert"[47] Op donderdag 21 juni

[44] A. N. Field, op. cit., p. 218.
[45] A. M. Andreades, op. cit., p. 60. In die tijd werd het beroep van zeerover niet als oneervol beschouwd.
[46] Ibid., p. 66.
[47] W. G. Simpson, *Which Way Western Man?*, Yeoman Press, Cooperstown, New York, 1978, p. 621.

1694 werd een inschrijvingslijst voor de Bank geopend, die een startkapitaal van £1.200.000 had. De daaropvolgende maandag was dit bedrag volledig volgeschreven.

Het voor de hand liggende doel van de bank was om koning Willem onbeperkte sommen geld te lenen tegen 8% per jaar, zodat hij de oorlog kon voortzetten, en in het bijzonder het conflict met Lodewijk XIV van Frankrijk, wiens land nog niet onder het woekersysteem viel.[48] De bank ontving zo de door de Kroon betaalde rente, voor een bedrag van £100.000 per jaar, waarbij de extra £4.000 de administratiekosten vormden. De bank verwierf ook het recht om £1.200.000 aan bankbiljetten uit te geven zonder enige dekking in goud.

Vóór de registratie werden de statuten van de bank zorgvuldig door de jurist Levinz onder de loep genomen, zodat ze volledig in overeenstemming waren met haar verborgen doel, namelijk het Engels volk voor altijd uit te melken door de creatie van de nationale munteenheid uit het niets toe te staan en daar rente over in rekening te brengen. Al dit valse geld moest worden terugbetaald, vergezeld van samengestelde rente. Levinz was een Jood uit Amsterdam die als advocaat werkzaam was.[49]

Er was hevig verzet tegen de oprichting van de Bank. Dit kwam voornamelijk van de edelsmeden en geldschieters, die begrepen dat dit een einde zou maken aan hun woekerpraktijken in de vorm van fractioneel reservebankieren op basis van de gouden ontvangstbewijzen die zij uitgaven. De landeigenaren en de provinciale adel vreesden een stijging van de rentetarieven, omdat de Bank de geldhoeveelheid van het land zou controleren. Er werden beschuldigingen geuit dat de bank bepaalde handelaren zou bevoordelen door hen preferentiële rentetarieven toe te kennen. De grootste vrees was dat "de Bank te machtig zou worden en zo de hoeksteen van de wereldhandel zou vormen."[50] Helaas is dat precies wat er gebeurde, want de Bank of England diende als model voor

---

[48] F. J. Irsigler, *On the Seventh Day They Created Inflation,* Wynberg, Kaapstad, Zuid-Afrika, 1980, p. 5.
[49] J. E. T. Rogers, *The First Nine Years of The Bank of England,* Clarendon Press, Oxford, 1887, p. 4.
[50] A. M. Andreades, op. cit., p. 69.

alle andere centrale banken die daarna volgden.

De oprichting van de **Bank of England** werd bekrachtigd door een wet die in het parlement werd aangenomen en die werd omschreven als "Een wet om Hunne Majesteiten verschillende tarieven en rechten op de tonnage van schepen en vaartuigen te garanderen..."

In die tijd bestond het Lagerhuis uit 514 leden, verdeeld over 243 Tories, 241 Whigs en 28 leden van wie de politieke voorkeur onbekend was.[51] Ongeveer twee derde van de leden waren provinciale edellieden en het is bekend dat 20% van hen analfabeet was. De wet werd in juli 1694 besproken, op het heetst van de zomer, toen de vertegenwoordigers van het platteland bezig waren met hun oogst.[52] Op die noodlottige vrijdag 27 juli 1694, toen de oprichtingsakte werd goedgekeurd, waren slechts 42 leden aanwezig, allemaal Whigs – want de Tories waren ertegen – die allemaal voor de wet stemden. (Dit roept de vraag op wat in die tijd een quorum was.)

De titel van de wet bevatte geen enkele vermelding van de voorgestelde Bank of England, die voor tweederde werd

[51] House of Commons Information Office, Lagerhuis, Londen.

[52] Een soortgelijke wetgeving werd op 23 december 1913 aangenomen voor de Amerikaanse Federal Reserve, die in particuliere handen was, terwijl slechts een klein aantal leden aanwezig was, aangezien de meerderheid naar huis was gegaan om Kerstmis te vieren. H. S. Kenan, *The Federal Reserve Bank*, The Noontide Press, Los Angeles, 1966, p. 19-20.

beschreven, of beter gezegd verborgen, in onbegrijpelijk jargon – dat wil zeggen voor de leek.

De openingszin van de wet luidt als volgt: “Willem en Maria, Koning en Koningin van Engeland, Schotland, Frankrijk en Ierland, bij de gratie Gods, verdedigers van het geloof, enz. Aan wie allen die hen vertegenwoordigen de welkomst wensen. " De derde zin, die 242 woorden telt, begint als volgt: "Terwijl in en krachtens een bepaalde wet die onlangs in het Parlement is aangenomen, getiteld Wet tot toekenning aan Hunne Majesteiten van diverse tarieven en heffingen op basis van de TONNAGE VAN SCHEPEN EN VAARTUIGEN, en op bier, gefermenteerde dranken en andere likeuren, om bepaalde beloningen en voordelen in de genoemde wet vast te stellen, zullen deze personen vrijwillig het bedrag van £150.000 moeten voorschieten om de oorlog met Frankrijk voort te zetten, is onder andere aangenomen… »[53]

Dag van dividenduitkering bij de Bank of England, houtsnede, circa 1800

[53] D. Astle, op. cit., p. 55.

Het grootste deel van de eerste twee derde van de wet gaat in detail in op de noodzaak om een hele reeks ingewikkelde nieuwe tarieven, heffingen en belastingen op schepen, bier, gegiste dranken en andere likeuren toe te passen. De werkelijke bedoeling van de invoering van al deze belastingen was dat ze nodig waren voor de betaling van de rente op alle toekomstige overheidsleningen. Kort daarna werden andere belastingen ingevoerd: de onroerendgoedbelasting, de papierbelasting, de hoofdbelasting, de zoutbelasting, het zegelrecht en de raambelasting, die de haardbelasting of schoorsteenbelasting vervingen. Andere belastingen die werden ingevoerd waren de belasting op marskramers, een belasting op rijtuigen, een belasting op geboorten, huwelijken en overlijdens en ten slotte een belasting op ongehuwden.[54] De meest confiscatoire belasting was echter de inkomstenbelasting, die was gekoppeld aan een tarief van 20%. Deze werd niet alleen toegepast op bedrijven, maar ook op boeren.[55].

DE OORLOG EN DE SCHULDSLAVERNIJ VOOR ONBEPAALDE TIJD

Vanaf dat moment zou er een maatschappijmodel ontstaan waarin zinloze oorlogen werden ontketend om tegelijkertijd de staatsschuld en de winsten van de woekeraars te vergroten. Het is veelzeggend dat de meeste van deze oorlogen werden verklaard aan landen die een renteloos banksysteem hadden ingevoerd, zoals het geval was in de Noord-Amerikaanse koloniën en in het Frankrijk van Napoleon. Dit patroon van het met geweld versterken van het woekerstelsel van de bankiers is in de moderne tijd op grote schaal toegepast en komt tot uiting in de nederlagen van het keizerlijke Rusland tijdens de Eerste Wereldoorlog, vervolgens van Duitsland, Italië en Japan tijdens de Tweede Wereldoorlog, en meer recentelijk in Libië in 2011. Al deze landen beschikten over een staatsbankensysteem dat de rijkdom van hun respectieve naties

[54] A. M. Andreades, op. cit., p. 55.
[55] J. E. T. Rogers, op. cit., p. 106-107.

op een rechtvaardige basis herverdeelde, waardoor hun bevolking een levensstandaard genoot die ver boven die van hun hedendaagse rivalen lag.

In 1696, binnen twee jaar na haar oprichting, had de Bank of England voor £1.750.000 aan bankbiljetten in omloop gebracht met een goudreserve van slechts 2%, wat overeenkomt met een waarde van £36.000.[56] Op 1 mei 1707 werd de unie tussen Schotland en Engeland tot stand gebracht, grotendeels ingegeven door de noodzaak om de controle over de Royal Mint in Edinburgh te verwerven, wat in 1709 gebeurde.

In 1720, na het einde van de Spaanse Successieoorlog (1701-1714), bedroeg de staatsschuld £30 miljoen, terwijl de oorlog alleen al £50 miljoen had gekost.[57] Na de Amerikaanse Onafhankelijkheidsoorlog (1775-1783), die was uitgebroken nadat de kolonisten gedwongen waren hun zonder schuld gecreëerde geld te vervangen door Engels geld, wat had geleid tot 50% werkloosheid onder de beroepsbevolking, bedroeg de staatsschuld £176 miljoen.

Volgens Sir John Harold Clapham, die in 1944 *The Bank of England: A History 1694-1914* schreef, hadden Solomon de Medina en twee da Costa's, Fonseca, Henriquez, Mendez, Nuñez, Rodriguez, Salvador en Teixeira de Mattos, die allemaal Sefardische joden waren, in 1722 de meerderheid van de aandelen van de bank verworven.

In 1786 probeerde premier William Pitt de Jongere de staatsschuld af te lossen via een aflossingsfonds dat jaarlijks 1 miljoen pond aan rente opleverde, een bedrag dat hij volledig aan de aflossing van de schuld besteedde.[58] Deze werkwijze werd al snel opgegeven vanwege de enorme toename van de leningen die nodig waren om de oorlog tegen Napoleon te financieren. In 1797 werd, om de toenemende rentelast te betalen, een progressief inkomstenbelastingsysteem

[56] F. J. Irsigler, op. cit., p. 5.
[57] A. M. Andreades, op. cit., p. 119.
[58] W. D. Bowman, *The Story of the Bank of England*, Herbert Jenkins Ltd, Londen, 1937, p. 291.

ingevoerd, waarvan de opbrengst in 1815 70 miljoen pond per jaar bedroeg.[59]

De oorlog tegen Frankrijk duurde van 1792 tot 1815. Het belangrijkste doel van dit zinloze bloedvergieten was het vernietigen van het schulden- en rentevrije financiële systeem dat door Napoleon was ingevoerd. (Zie Hoofdstuk III) Gedurende deze periode voerde Engeland ook een oorlog tegen de Verenigde Staten van 1812 tot 1814. Deze oorlog werd, net als die met Frankrijk, door Engeland begonnen op verzoek van de bankier Mayer Amschel Rothschild (wiens echte naam Bauer was), nadat het Amerikaanse Congres had geweigerd het charter te verlengen van de door Rothschild gecontroleerde Bank van de Verenigde Staten[60], die van 1791 tot 1811 de centrale bank van Amerika was geweest.[61] Nathan Rothschild is beroemd om zijn uitspraak uit 1815: “Geef mij de controle over de geldvoorraad van een natie, en het kan mij niet schelen wie de wetten maakt. De minderheid die het systeem begrijpt, zal ofwel zo geïnteresseerd zijn in de winsten ervan, ofwel zo afhankelijk zijn van de gunsten ervan, dat er nooit verzet zal komen van de leden van deze sociale klasse. " De Britse premier Spencer Perceval (1809-1812) probeerde deze volkomen zinloze oorlog te beëindigen, maar hij werd op 11 mei 1812 in de hal van het Lagerhuis vermoord door John Bellingham, een extremist in opdracht van Rothschild.[62]

In 1815 was de staatsschuld opgelopen tot 885 miljoen pond. Deze volstrekt nutteloze oorlog kostte het leven aan ongeveer

---

[59] A. M. Andreades, op. cit., p. 162.

[60] 100% van de aandelen van de bank was in handen van de Rothschilds en hun partners.

[61] In 1836 liet president Andrew Jackson de Tweede Bank van de Verenigde Staten sluiten door alle deposito's van de regering op te nemen. Deze bank was in 1816 opgericht met een charter voor 20 jaar. De Rothschilds en hun partners bezaten 80% van de aandelen en de Amerikaanse regering de rest.

[62] www.tomatobubble.com/fh1.html NWO Forbidden History (1765-1816). Naast zijn benoeming tot premier op 4 oktober 1809 was Perceval ook minister van Financiën, een functie waarin hij op 28 maart 1807 was benoemd. Hij was dus perfect op de hoogte van de fijne kneepjes van de hoge financiële wereld. Tijdens zijn ambtsperiode was zijn minister van Financiën John Charles Herries, een persoonlijke vriend en de geheime informant van Nathan Rothschild. Zie N. Ferguson, *The House of Rothschild, Money's Prophets 1798-1848*, Vol. 1, Penguin Books, Londen, 1999, p. 86. (Professor Ferguson is een insider die heeft deelgenomen aan de Bilderberg-conferentie in Chantilly, Virginia, VS.)

drie miljoen soldaten en een miljoen burgers. Het vernietigen van de door Napoleon opgerichte staatsbank kostte het Britse volk 831 miljoen pond[63], waarvan in 1914 nog 2,5 miljard pond moest worden afgelost. De hoofdsom van 504 miljoen pond was in de loop der tijd vervijfvoudigd, dankzij de magie van de samengestelde rente.

William Cobbet (1763-1835), een scherpzinnig parlementslid dat de landbouwsector vertegenwoordigde, doorzag destijds wat er gaande was en schreef het volgende:

> "Ik begon de wet van het parlement te bestuderen waarmee de Bank of England was opgericht. De investeerders wisten wat ze deden. Hun doel was om in opeenvolgende stappen het hele land te verhypothekeren... het land... de huizen... de eigendommen... de arbeid. Hun plan heeft geleid tot iets wat de wereld nog nooit had meegemaakt: ellende te midden van overvloed."[64]

In 1800 stelde Sir William Pultney, een parlementslid, de oprichting van een nationale bank voor, nadat hij "krachtige aanvallen" op de Bank had geformuleerd.[65] In 1824 diende een ander parlementslid, David Ricardo, een gedetailleerd plan in[66] om de Bank of England om te vormen tot een nationale bank. Beide pogingen mislukten. De zaken van de Bank of England bleven geheim en pas in 1833, 139 jaar later, werd een beknopte versie van haar activiteiten aan het parlement voorgelegd via de Wet van 1833.[67]

Bij het uitbreken van de Eerste Wereldoorlog in 1914 bedroeg de staatsschuld 650 miljoen pond.[68] Op 31 maart 1919 was

---

[63] W. D. Bowman, op. cit., p. 290.

[64] W. Cobbett, *The Political Register*, Vol. XVIII, No. 1, Londen, 14 juli 1810.

[65] Ibid., p. 207.

[66] W. D. Bowman, op. cit., 228 en A. M. Andreades, op. cit., p. 417-427.

[67] A. M. Andreades, op. cit., p. xii en p. 261.

[68] Enkele dagen nadat Engeland op 4 augustus 1914 de oorlog had verklaard, werd een noodmaatregel genomen door de uitgifte van 300 miljoen pond aan Bradbury-bankbiljetten van 10 en 1 pond, vrij van schuld en rente. Deze werden al snel vervangen door oorlogsleningen. Professor Frederick Soddy, winnaar van de Nobelprijs, legde uit op welke frauduleuze wijze deze leningen werden aangegaan: "De Bank of England

deze opgelopen tot 7,434 miljard pond[69], waarvan 95 jaar later nog steeds 3 miljard pond moet worden afgelost tegen een rentevoet van 3,5% per jaar. In 1919 ging 40% van alle begrotingsuitgaven naar rentebetalingen. Tijdens de Tweede Wereldoorlog steeg de staatsschuld met bijna 300%, van 7,1 miljard pond in 1939 tot 20,1 miljard pond in 1945. In juni 2014 bedroeg deze 1,3 biljoen pond.[70] Als we daar echter alle verplichtingen bij optellen, inclusief de pensioenen in de publieke en private sector, komt deze uit op meer dan £5 biljoen.

DE NATIONALISATIE

Op 14 februari 1946 nationaliseerde de Labourregering de Bank of England. De aandeelhouders ontvingen schatkistcertificaten ter waarde van £11.015.100, inwisselbaar na 20 jaar. Deze nationalisatie, die bedoeld was om de bank onder publieke controle te brengen, veranderde niets aan het e banksysteem met fractioneel reservebankieren en werd uitsluitend ondernomen voor propagandadoeleinden, als onderdeel van het nationalisatieprogramma van de Labour-partij voor bepaalde financiële en industriële sectoren.

Op 6 april 1974 registreerde de Bank of England de Bank of England Nominees Limited, een vennootschap met registratienummer 1307478, een volledige dochteronderneming waarvan de particuliere aandeelhouders de 100 aandelen van elk £1 in bezit hadden, waarvan 50% werd verkocht. Sommigen vermoeden dat deze herschikking in de bestuursstructuur van de bank neerkomt op een omgekeerde overname door particuliere aandeelhouders. Gezien het feit dat bepaalde aspecten van de activiteiten van de Bank of England

publiceerde een circulaire waarin zij aanbood het geld dat nodig was voor de aankoop van de oorlogsleningen tegen 3 procent te lenen, terwijl de belastingbetaler 4 procent rente moest betalen. Zo ontving de bank voor elk pond dat de belastingbetaler leende 15 pence, en de nep-inschrijver 5 pence. De bank nam geen enkel risico, want zij hield de nieuwe inschrijving als onderpand voor hun lening totdat de schuld was afgelost. " F. Soddy, *Wealth, Virtual Wealth and Debt*, G. Allen & Unwin, Londen, 1933, p. 255.

[69] A. N. Field, op. cit., p. 164-165

[70] www.nationaldebtclocks.com/unitedkingdom.htm

worden beschermd door de Koninklijke Charta, sectie 27 (9), evenals door de Vennootschapswet van 1976 en de Wet op Staatsgeheimen van 1989, en dus niet langer onderworpen is aan enige vorm van publieke controle of zelfs maar aan een eenvoudig parlementair onderzoek, zou deze veronderstelling wel eens volkomen gegrond kunnen blijken.

HOOFDSTUK III

DE BOURBONS, NAPOLEON EN DE BANQUE DE FRANCE

De hier onthulde dodelijke feiten brachten mij ertoe mij af te vragen: hoe het kwam dat dit monster, de rente, het hele menselijke ras nog niet had verslonden.

– Napoleon Bonaparte,
terwijl hij een rentetabel bestudeerde.

Toen de Bank van Engeland in 1694 werd opgericht, was een van haar belangrijkste doelstellingen het verschaffen van de nodige middelen voor de voortzetting van de vijandelijkheden tegen Frankrijk. In die tijd was Frankrijk de grootste wereldmacht. Zowel wat betreft zeemacht als wat betreft grondgebied. Vier jaar eerder, tijdens de Slag bij Beachy Head, nabij Eastbourne in Engeland, had de Franse marine de Engelse vloot verpletterend verslagen door twaalf schepen tot zinken te brengen, terwijl twintig andere door hun Engelse bemanningen tot zinken werden gebracht.[71]

Sinds 7 juni 1654 werd Frankrijk geregeerd door zijn meest roemrijke vorst, Lodewijk XIV, de Zonnekoning. Lodewijk was goed op de hoogte van de intriges van de bankiers. Toen hij ontdekte dat zijn minister van Financiën, Nicolas Fouquet, een vertegenwoordiger was van wat we tegenwoordig de monetaire macht noemen, en hij onweerlegbaar bewijs ontving "dat hij het in hem gestelde vertrouwen had geschonden door wanbeheer van de overheidsgelden en door monsterlijke corruptie", liet hij hem arresteren. Fouquet werd berecht en veroordeeld en voor de rest van zijn leven onder huisarrest

[71] Bij de Slag bij Trafalgar, op 21 oktober 1805, verloren de Fransen één schip.

geplaatst in het ontoegankelijke fort van Pignerol.[72]

De Spaanse Successieoorlog (1702-1714) was het grootste militaire conflict sinds de kruistochten. Deze brak uit nadat Lodewijk zijn voornemen had verklaard om zijn kleinzoon, Filips, hertog van Anjou, op de Spaanse troon te plaatsen. Als deze poging zou slagen, zou dit een uitgestrekt Frans-Spaans rijk creëren, wat een directe bedreiging zou vormen voor de Bank of England en haar gevolmachtigde, de regering van Groot-Brittannië. Dankzij hun vermogen om geld uit het niets te creëren, slaagden de Engelsen erin een aanzienlijke vloot op te bouwen en de loyaliteit van de vijanden van Frankrijk te kopen door hen rijkelijk om te kopen.

Lodewijk hield het negen jaar vol, totdat zijn erfgenamen onder vreemde omstandigheden begonnen te sterven. Op 13 april 1711 stierf zijn zoon Lodewijk, de Grote Dauphin, naar verluidt aan de pokken, hoewel hij de ziekte al als kind had opgelopen. Op 12 februari 1712 stierf de vrouw van zijn kleinzoon, de hertog van Bourgondië, aan een koortsaanval. Enkele dagen later stierf haar man, bedekt met puistjes, op 18 februari 1712 aan onbekende oorzaken. Enkele weken later werden de twee achterkleinzonen van de koning ziek door de roodvonk. De hertog van Bretagne, vijf jaar oud, stierf op 18 maart 1712. Zijn drie jaar oude broer, de hertog van Anjou, overleefde op wonderbaarlijke wijze nadat de koning had bevolen hem af te zonderen en te behandelen met een tegengif.

Na deze tragedies werd de koning overgehaald om de vijandelijkheden te staken en onderhandelingen te beginnen. In Utrecht werd in maart en april 1713 een verdrag ondertekend, waardoor Frankrijk zijn grenzen van voor de oorlog grotendeels kon behouden. Vanaf dat moment stierven de erfgenamen van de Franse troon niet meer, hoewel dit niet kon voorkomen dat de andere kleinzoon van Lodewijk, de hertog van Berry, die regent was van de toekomstige Lodewijk

[72] W. G. Simpson, *Which Way Western Man?* Yeoman Press, Cooperstown, New York, 1978, 230.

XV, omkwam bij een ongewoon "ongeluk" te paard.[73]

Verbrijzeld door verdriet stierf de Zonnekoning op 1 september 1715 een natuurlijke dood.

Het vermogen van de Engelsen om grote sommen geld te beheren, was de Fransen niet ontgaan; zij begrepen dat de oorlog niet was gewonnen vanwege een gebrek aan financiële middelen. Op[1]mei 1716 kreeg een Schot, John Law, toestemming om een particuliere bank te openen, de Banque Générale. Deze was gemodelleerd naar de Bank of England en kreeg toestemming om bankbiljetten uit te geven en deze in te wisselen voor goud.[74]

De regent van Lodewijk XV, Filips II, hertog van Orléans, besefte dat de bank de regering de middelen kon verschaffen om in haar uitgaven te voorzien en in 1718 werd de eerste centrale bank van Frankrijk opgericht, die de naam Banque Royale kreeg.

Door het model van de Bank of England over te nemen, dat gebaseerd was op het vermogen om geld *uit het niets* te creëren, kon de Franse economie al snel weer opbloeien. Deze periode van welvaart was echter van korte duur. In januari 1720 sloot de Franse regering een recordlening af van 100 miljoen *pond*. De maand daarop deed het gerucht de ronde dat de bank moeite had om haar bankbiljetten in te wisselen voor gouden munten, waarna een "verschrikkelijke paniek" uitbrak.[75] De oorsprong van dit gerucht is onbekend, maar de waarschijnlijke verdachte zou de Bank of England zijn geweest, die haar gevaarlijke rivaal wilde vernietigen.[76]

Er werden verschillende pogingen ondernomen om de Royal Bank te redden. Een decreet van 11 maart 1720 verbood het gebruik van munten vanaf[1]mei. Toen deze maatregel de dreigende ramp niet kon afwenden, werd op 22 mei 1720 een

---

[73] N. Starikov, *Rouble Nationalization The Way to Russia's Freedom*, Sint-Petersburg, Piter, 2013, 57-58.

[74] Deze gebeurtenissen staan beter bekend als de Mississippi-affaire.

[75] N. Starikov, op. cit., 59.

[76] Zie hoofdstuk IV voor een beschrijving van de manier waarop de Bank of England de assignaten van het revolutionaire Frankrijk tenietdeed.

decreet uitgevaardigd dat de waarde van de bankbiljetten met 50% verminderde. Een derde decreet van 10 oktober 1720 bepaalde dat vanaf 1 november de bankbiljetten uit de omloop zouden worden genomen en inwisselbaar zouden zijn tegen staatsobligaties die met 50% in waarde waren gedevalueerd. In november 1720 verklaarde de Koninklijke Bank zich failliet en haar oprichter, de controleur-generaal van Financiën, John Law, vluchtte de maand daarop het land uit. Voor de Bank of England was de ondergang van de Koninklijke Bank een absolute triomf.

Lodewijk XIV, de Zonnekoning, stond altijd wantrouwend tegenover bankiers. Zijn onvermogen om zijn legers en marine te financieren, leidde tot zijn nederlaag tijdens de Spaanse Successieoorlog (1702-1714).

NAPOLEON, DE MONETAIRE HERVORMER

Napoleon, die van 1804 tot 1815 keizer van Frankrijk was, was zich er altijd van bewust dat de macht van het geld altijd in de schaduw blijft en alleen via tussenpersonen werkt, die zelf vaak niet weten welke doelen ze nastreven. Hij besefte dat de internationale financiële wereld op de loer lag achter elke buitenlandse vijand, elke vorst en elke politieke partij, inclusief de jakobijnen[77], en verklaarde ooit: “De hand die geeft staat boven de hand die ontvangt. Financiers hebben geen vaderland, ze zijn zonder patriottisme en zonder fatsoen: hun enige doel is winst.”[78] Hij had zeer duidelijke ideeën over de manier waarop hij de Franse economie wilde beheren. Hij omschreef zijn systeem als een middel om de middelen van de regering, inclusief haar financiën, aan te wenden ten behoeve van het volk en tot grotere glorie van God. Zijn systeem was gericht op het handhaven van de spirituele suprematie boven materiële waarden, die van de natie boven politieke partijen, die van patriottisme boven kosmopolitische hebzucht, en die van loyaliteit boven despotische terreur.[79]

[77] De jakobijnen waren oorspronkelijk de leden van een revolutionaire politieke beweging van extreemlinks, die het principe van een gecentraliseerde republiek verdedigde. Tijdens de Revolutie brachten zij het Schrikbewind tot stand. De Club des Jacobins was gevestigd in de Rue St Jacques, in Parijs.

[78] R. McNair Wilson, *Monarchy or Money Power*, Eyre & Spottiswoode, Londen, 1934, p. 92.

[79] In dit opzicht vergelijkbaar met het motto van Vichy-Frankrijk: "*Werk, Gezin, Vaderland*".

Napoleon richt de Banque de France op, 18 november 1800

De basis van de economie moest de landbouw zijn: "want zij is de ziel van het volk... het fundament van het Koninkrijk."[80] Daarna kwam de industrie, die: "zorgt voor het comfort en het geluk van de bevolking"[81] Als hekkensluiter kwam de buitenlandse handel, die uitsluitend bestond uit het overschot van de landbouw en de industrie. Volgens hem: "moet de buitenlandse handel ten dienste staan van de landbouw en de nationale industrie, die hieraan nooit ondergeschikt mogen zijn."[82] Het uiteindelijke doel van Napoleon was niet alleen financiële onafhankelijkheid te verzekeren, maar ook zelfvoorziening in de productie van goederen die op nationaal niveau werden geconsumeerd.

Napoleon stond onder geen enkele omstandigheid toe dat de staat leningen aanging voor lopende uitgaven, of deze nu civiel of militair van aard waren. Over de staatsschuld verklaarde hij:

> „Ik hoefde alleen maar te bedenken waar leningen toe kunnen leiden om het gevaar ervan in te zien. Daarom

[80] R. McNair Wilson, op. cit., p. 97.
[81] Ibid. p. 97.
[82] Ibid. p. 97.

> heb ik er nooit iets mee te maken willen hebben en heb ik me er altijd krachtig tegen verzet. Sommigen hebben beweerd dat ik geen leningen aanging omdat ik geen kredietwaardigheid had en niemand kon vinden die bereid was mij geld te lenen. Dat duidt op een zeer beperkte kennis van de menselijke natuur en een totale onwetendheid over financiële methoden, als deze mensen denken dat ik niemand kon vinden bij wie ik schulden kon maken. Het maakte simpelweg geen deel uit van mijn systeem."[83]

DE STAATSBANK VAN HET FRANSE KEIZERRIJK

Het eerste initiatief van Napoleon toen hij op 9 november 1799 de macht overnam als Eerste Consul, was de oprichting van de Banque de France op 18 januari 1800, in de vorm van een naamloze vennootschap, die op 20 februari van dat jaar haar activiteiten startte. Deze bank verving de 15 particuliere, voornamelijk joodse banken die nauw betrokken waren geweest bij de gebeurtenissen die leidden tot de Franse Revolutie van 1789 tot 1799.[84] Deze banken hadden woekerrente in rekening gebracht over de aan de Franse kroon verstrekte kredieten, in die mate dat deze vóór 1789 meer dan 50% van haar uitgaven aan de betaling daarvan besteedde.

De bank werd opgericht met een maatschappelijk kapitaal van 30 miljoen frank, verdeeld over 30.000 aandelen van elk 1.000 frank, waarvan een deel werd onderschreven door Napoleon, zijn familie en leden van zijn entourage.[85] De dividenden voor de aandeelhouders waren aanvankelijk beperkt tot 6% per jaar, maar werden in 1806 verhoogd tot tweederde van de winst van de bank, waarbij het resterende derde deel aan de reserves werd toegewezen. De tweehonderd grootste aandeelhouders kozen de 15 regenten of directeuren, die zitting hadden in de

[83] Ibid. p. 96.
[84] C. Quigley, *Tragedy and Hope, A History of the World in Our Time*, The Macmillan Company, New York, 1966, p. 515.
[85] www.banque-france.fr/en/banque-de-france/history/the-milestones/1800-creation-of-the-banque-de-france.html

Algemene Raad van Bestuur van de Bank, en drie censoren of inspecteurs, die toezicht hielden op het beheer ervan.

De Raad van Bestuur koos op zijn beurt een Centraal Comité bestaande uit drie leden, waarvan er één voorzitter was.[86] Napoleon benoemde zichzelf tot voorzitter van de Bank en verklaarde dat de "Bank niet alleen aan de aandeelhouders toebehoort, maar ook aan de Staat, aangezien deze haar het privilege heeft verleend om geld uit te geven. Ik wil dat de bank voldoende in handen is van de staat, maar niet te veel."[87]

Op 14 april 1803 schafte Napoleon door middel van een wet die in het parlement werd aangenomen het recht af dat twee rivaliserende banken, de *Caisse d'Escompte de Commerce* en het *Comptoir Commercial*, hadden om bankbiljetten uit te geven. Zoals hij destijds opmerkte:

> "Heeft u mij niet gezegd dat het, om het krediet te behouden, noodzakelijk was dat kunstmatig geld, zoals dat door de Banque de France wordt gecreëerd, uit één enkele bron werd uitgegeven? Ik sluit mij bij dit idee aan. Eén enkele bank kan gemakkelijker worden gecontroleerd dan meerdere – zowel door de regering als door het volk. In geval van nood zie ik geen enkel voordeel in een dergelijke concurrentie."[88]

Op 22 april 1806 werd een nieuwe wet uitgevaardigd, die de drie leden van het Centraal Comité verving door een gouverneur en twee adjuncten.[89] Deze benoemingen werden persoonlijk bekrachtigd door Napoleon. De nieuwe wet bracht het kapitaal van de Bank op 90 miljoen frank. Napoleon was zo wantrouwend en op zijn hoede tegenover de bankiers dat hij toezicht hield op de operaties van de Schatkist, om te voorkomen dat de geheimen van zijn monetaire beleid zouden

[86] Een geschiedenis van het bankwezen in alle toonaangevende landen, waaronder de Verenigde Staten, Rusland, Nederland, de Scandinavische landen, Canada, China en Japan; samengesteld door 13 auteurs. Uitgegeven door de uitgever van *The Journal of Commerce and Commercial Bulletin*, New York, 1896, deel 3 (Frankrijk, Italië, Spanje, Portugal, Canada).

[87] Encyclopedia Britannica, 1964, deel 3, p. 132.

[88] De uitgever van *The Journal of Commerce and Commercial Bulletin*, op. cit.

[89] Ibid.

uitlekken en door speculatieve bankiers zouden worden uitgebuit. Hij was dus zijn eigen bankier, die zowel de creatie als de distributie van geld en krediet controleerde, tot groot verdriet van de internationale bankiers, met name de Rothschilds, die vrijwel werden uitgesloten van de transacties op de markten van het continent. Napoleon maakte van de frank de meest stabiele munteenheid van Europa. Nadat Frankrijk de obligatiemarkt van de City of London had verlaten, daalde er een mist van depressie neer over de broederschap van bankiers en woekeraars. Veelzeggend genoeg begon de Engelse pers laster over Napoleon te verspreiden. Hij werd ervan beschuldigd de voorwaarden van het Verdrag van Amiens, dat op 25 maart 1802 tussen Engeland en Frankrijk was ondertekend, niet te hebben nageleefd. De relaties werden gespannen toen Napoleon weigerde een handelsakkoord te ondertekenen dat de "vrijheid van handel" moest vergroten en moest leiden tot wat tegenwoordig globalisering wordt genoemd, waardoor hij gedwongen werd de autarkie en het isolationisme van zijn continentale beleid te verminderen.

Engeland, onder leiding van zijn internationale bankiers, zette zich vervolgens in om Oostenrijk, Pruisen, Rusland, Spanje en Zweden te financieren[90] en verklaarde onmiddellijk de oorlog aan Frankrijk. De troepen van de coalitie[91] telden meer dan 600.000 man. Napoleon kon niet eens een derde van dat aantal bijeenbrengen en zou dus een beroep moeten doen op bankleningen om zijn troepen te bewapenen en te voeden. Op 20 december 1803 was hij de oorlogszuchtigen voor door Louisiana voor 3 miljoen pond aan de Verenigde Staten te verkopen. Er volgde een korte periode van vrede en welvaart. In 1806 zette een nieuwe coalitie, bestaande uit Engeland, Rusland en Pruisen, op initiatief van laatstgenoemde echter de weg naar oorlog in. Hoewel hij hen op 14 oktober 1806 bij Jena versloeg, werd Napoleon gedwongen om de daaropvolgende negen jaar een reeks zinloze oorlogen te voeren om Frankrijk

[90] Volgens *de Encyclopedia Britannica*, 1964, Vol. 19, p. 573, 'haalden' de Rothschilds £100 miljoen op voor de verschillende Europese regeringen tijdens de Napoleontische oorlogen.
[91] Dit was de eerste van zes verschillende militaire coalities.

en zijn nieuwe economische systeem te beschermen. Hij vaardigde de Continentale Blokkade uit, die tot doel had de buitenlandse handel van Engeland te vernietigen, omdat hij wist dat de Engelsen niet tegelijkertijd hun import konden betalen en hun bondgenoten konden financieren.

Verdrag van Tilsit – Napoleon en tsaar Alexander I ondertekenen het verdrag op een vlot op de rivier de Niemen.

Bij het Verdrag van Tilsit, dat op 7 juli 1807 op een vlot midden op de rivier de Niemen in Oost-Pruisen werd ondertekend, sloten Napoleon en tsaar Alexander I een bondgenootschap dat hen tot heersers van het Europese vasteland maakte. Alexander stemde ermee in zich aan te sluiten bij Napoleons Continentale Blokkade tegen Engeland en elkaar wederzijds te steunen in geval van een conflict met andere naties, en in het bijzonder het Britse Rijk. In die tijd waren Frankrijk en Rusland de enige twee landen in Europa die niet onder de knoet van het woekersysteem stonden en dus geen schulden hadden bij de Rothschilds. Het waren dus de enige twee vrije en onafhankelijke naties. Enkele jaren later begon Rusland echter de blokkade te doorbreken. Deze actie was gebaseerd op het feit dat Rusland, een land dat voornamelijk grondstoffen produceerde, over een beperkte industriële capaciteit beschikte en afhankelijk bleef van

Engeland voor de invoer van industrieproducten. Alexander was alleen bereid de blokkade voort te zetten als Frankrijk hem de goederen zou leveren die voorheen uit Engeland werden geïmporteerd. Frankrijk was niet in staat aan deze eisen te voldoen, omdat Engeland de zeeën beheerste en er in die tijd in Europa geen wegen of spoorweginfrastructuur bestond. Om de blokkade te handhaven besloot Napoleon daarom op 24 juni 1812 Rusland binnen te vallen met een leger van 500.000 soldaten. Hoewel hij op 14 september 1812 Moskou bereikte, realiseerde hij zich dat de stad was verlaten, en zijn terugtocht de daaropvolgende winter mondde uit in een ramp, waarbij slechts 110.000 man van zijn leger het overleefden. Het jaar daarop werd Napoleon verslagen in de "Slag der Volkeren" ten oosten van Leipzig, op 19 oktober 1813. Op 11 april 1814 trad hij af in Fontainebleau.

Nadat hij verbannen was naar het eiland Elba, gelegen tussen Corsica en Toscane, probeerde Napoleon een comeback te maken in de Slag bij Waterloo, in het huidige België, op 18 juni 1815. Alle strijdende partijen, Engeland, Pruisen en Frankrijk, werden gefinancierd door Nathan Rothschild, bij wie Frankrijk een lening van £10 miljoen aanging.[92] Na zijn nederlaag werd Napoleon verbannen naar het Britse eiland Sint-Helena in de Zuid-Atlantische Oceaan, waar hij uiteindelijk onder mysterieuze omstandigheden stierf, terwijl hij op 5 mei 1821 op 51-jarige leeftijd nog een man in bloeiende gezondheid was. Uit onderzoek van Napoleons stoffelijke resten is gebleken dat hij zeker is gestorven aan cyanidevergiftiging, als gevolg van chronische arseenvergiftiging.[93] In een dergelijk geval lijdt het geen

[92] Zie N. Ferguson, *The House of Rothschild, Money's Prophets 1798-1848,* Vol. 1, Penguin Books, Londen, 1999, p. 95-99, over de manier waarop het leger van de hertog van Wellington werd gefinancierd. In 1936 schreef Eberhard Müller een toneelstuk getiteld *Rothschild Wins at Waterloo,* waarin Rothschild uitlegt: "Mijn geld is overal, en mijn geld is vriendelijk. Het is de vriendelijkste macht ter wereld, dik, rond als een bal en glimlachend."; "Mijn vaderland is de beurs van Londen"; en "Het fortuin van Engeland ligt in mijn handen.", p. 23.

[93] www.napoleon-series.org/ins/weider/c_assassination_w.html De oorzaken van Napoleons dood zijn grondig onderzocht door wijlen Ben Weider, die op 18 februari 1998 een lezing gaf getiteld *The Assassination of Napoleon/De moord op Napoleon* aan de Militaire Academie van Sandhurst, Londen. Weider identificeerde graaf Charles Tristan

twijfel dat dit het werk zou zijn van een moordenaar in opdracht van Rothschild, wat een bevestiging zou zijn van een gewoonte die de afgelopen twee eeuwen voortdurend is herhaald, namelijk het vermoorden van alle leiders die een renteloos banksysteem voorstellen, instellen of in stand houden.[94]

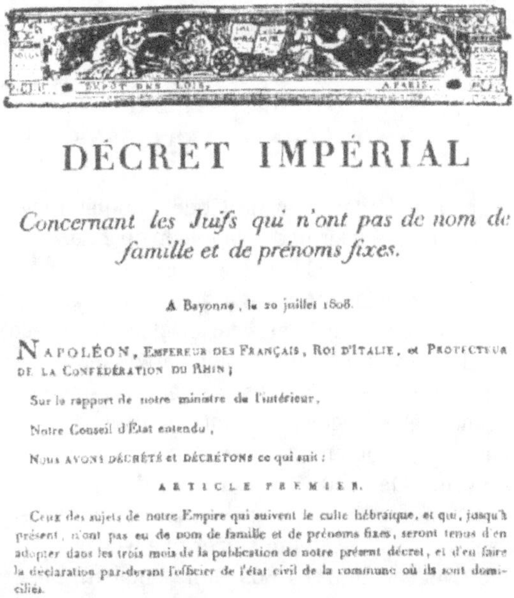

DÉPÔT DES LOIS, A PARIS.

DÉCRET IMPÉRIAL

Concernant les Juifs qui n'ont pas de nom de famille et de prénoms fixes.

A Bayonne, le 20 juillet 1808.

NAPOLÉON, EMPEREUR DES FRANÇAIS, ROI D'ITALIE, et PROTECTEUR DE LA CONFÉDÉRATION DU RHIN;

Sur le rapport de notre ministre de l'intérieur,

Notre Conseil d'État entendu,

NOUS AVONS DÉCRÉTÉ et DÉCRÉTONS ce qui suit:

ARTICLE PREMIER.

Ceux des sujets de notre Empire qui suivent le culte hébraïque, et qui, jusqu'à présent, n'ont pas eu de nom de famille et de prénoms fixes, seront tenus d'en adopter dans les trois mois de la publication de notre présent décret, et d'en faire la déclaration par-devant l'officier de l'état civil de la commune où ils sont domiciliés.

de Montholon als de waarschijnlijke vergiftiger. Hij had dagelijks contact met de keizer en beschikte over voldoende losbandigheid en een crimineel verleden om het perfecte profiel te vormen van een moordenaar die in het geheim door Rothschild was ingehuurd. Arsenicum, een kleurloze, reukloze en volkomen smaakloze stof, werd Napoleon waarschijnlijk toegediend in zijn dagelijkse consumptie van wijn afkomstig van Kaap de Goede Hoop. (Zie de dood van baron Pyotr Wrangel (1878-1928), opperbevelhebber van het Russische Witte Leger in het Zuiden, die op bevel van Stalin werd vergiftigd door de broer van zijn butler, die bij de familie Wrangel in Brussel, België, woonde).

[94] De meeste Amerikaanse presidenten die zijn vermoord, waren betrokken bij monetaire hervormingen. Het gaat om de presidenten Abraham Lincoln, James Garfield, William McKinley, Warren G. Harding en John F. Kennedy. President Richard M. Nixon had tijdens zijn ambtsperiode grote belangstelling getoond voor een hervorming van de Federal Reserve, en dit zou een factor kunnen zijn geweest die heeft bijgedragen aan zijn ondergang.

Om de integratie van de Joden in de Franse samenleving te vergemakkelijken, vaardigde Napoleon in 1808 een decreet uit waarin hij alle Joden opdroeg achternamen aan te nemen en deze namen op alle documenten te gebruiken. In een brief aan zijn jongere broer Jérôme, geschreven in 1808, verklaart Napoleon: "Ik ben begonnen met het hervormen van de Joden, maar ik ben niet van plan er nog meer naar mijn koninkrijk te halen... Het is noodzakelijk om de neiging van de Joden om een groot aantal activiteiten uit te oefenen die schadelijk zijn voor de beschaving en de openbare orde van samenlevingen over de hele wereld, te verminderen, zo niet te vernietigen. Het is noodzakelijk het kwaad te stoppen door het te voorkomen; om het voor te zijn, is het onontbeerlijk de Joden te veranderen... Zodra een deel van hun jeugd in ons leger is opgenomen, zullen zij ophouden Joodse belangen en gevoelens te koesteren; hun belangen en zorgen zullen Frans zijn."

DE PRESTATIES VAN DE FRANSE STAATSBANK

Als integraal onderdeel van de Code Napoléon (*het Franse burgerlijk wetboek*) vaardigde Napoleon op 21 maart 1804 een nieuwe handelswet uit. Deze economische hervormingen, die een aanzienlijke belastingverlaging omvatten, zorgden ervoor dat de Franse economie snel weer op gang kwam en leidden tot een toename van de handel en de ontwikkeling van nieuwe industrieën, zoals die van katoen en bietsuiker, dit alles ondersteund en begeleid door douanebarrières tegen buitenlandse goederen en kredieten tegen zeer lage rentetarieven. De infrastructuur werd op grote schaal verbeterd, niet alleen in Frankrijk, maar in heel West-Europa, met de aanleg van 32.186 km keizerlijke wegen en 19.312 km regionale wegen, bijna 1.609 km kanalen, bruggen, het uitbaggeren en uitbreiden van havens zoals Cherbourg en Duinkerke, de aansluiting op drinkwater, de opkomst van openbare gebouwen, zoals de galerij van het Louvre – dit alles gefinancierd met renteloos geld uitgegeven door de Banque de France.

Napoleon richtte ook een Industrieraad op, die gegevens en informatie verstrekte aan de nationale industrie, en vervolgens was er de Keizerlijke Universiteit die belast was met het beheer van het onderwijs aan de Fransen, de gespecialiseerde scholen of *lycea* voor de studie van techniek, wetenschap en technologie, terwijl de beroepsscholen zich toelegden op de opleiding van verloskundigen en het onderwijs in verloskunde en diergeneeskunde.

Napoleon zou deze verwezenlijkingen later op het eiland Sint-Helena beschrijven aan zijn Ierse arts, Barry O'Meara, en verklaarde dat het de monumenten waren die na hem zouden blijven bestaan. " De geallieerde mogendheden zullen mij nooit de verdienste kunnen ontnemen van de grote openbare werken die ik heb ondernomen, noch van de wegen die ik door de Alpen heb laten aanleggen[95], noch van de zeeën die ik heb verenigd. Ze kunnen nergens voet zetten zonder op de sporen te stuiten die de mijne hebben achtergelaten. Ze kunnen de wetboek dat ik heb opgesteld en dat aan het nageslacht zal worden doorgegeven, niet uitwissen."[96]

Tot slot kunnen we enkele van de verwezenlijkingen bekijken die Napoleon opsomde aan zijn voormalige kamerheer en dagelijkse metgezel gedurende 18 maanden op Sint-Helena, de graaf van Las Cases:[97]

> "Ik heb Frankrijk en Europa geïnspireerd met nieuwe ideeën die nooit zullen worden vergeten... de financiën van Frankrijk zijn de beste ter wereld. Aan wie heeft het dat te danken? Als ik niet was afgezet, zou ik een volledige verandering op het gebied van handel en industrie hebben bewerkstelligd. De inspanningen van de Fransen waren buitengewoon. Welvaart en vooruitgang waren overal aanwezig. Overal ontstonden nieuwe ideeën, die werden gepubliceerd en verspreid, want ik heb de moeite genomen om de wetenschap onder het volk te introduceren... Als men mij de tijd had gegeven, zouden er binnenkort geen ambachtslieden meer zijn geweest in Frankrijk; ze zouden allemaal kunstenaars zijn geworden."[98]

[95] De Simplonpas. Een van de belangrijkste redenen waarom Napoleon deze pas liet aanleggen, was om het transport van zijn artillerie naar Italië te vergemakkelijken.

[96] I. Tarbell, *A Short Life of Napoleon*, S. S. Mcclure Limited, New York, 1895, Hoofdstuk VI Napoleon als staatshoofd en wetgever – Financiën – Industrie – Openbare werken. http://history-world.org/Napoléon7.htm

[97] Graaf Emmanuel Augustin Dieudonné Joseph Las Cases (1766-1842). Hij legde de herinneringen, overpeinzingen en aspiraties van Napoleon vast, die later werden gepubliceerd in *Le Mémorial de Sainte-Hélène.*

[98] R. McNair Wilson, op. cit., p. 98-99. De auteur bezocht het huis waar Peter de Grote in 1697 korte tijd in Zaandam, Nederland, verbleef. Ook Napoleon had het huis op 13

HOOFDSTUK IV

EEN EEUW VAN STRIJD (1815-1918): ROTHSCHILD VERSUS DE VOLKEREN

Wie houdt de wereld in evenwicht?
Wie regeert over het royalistische of liberale congres?
Wie wekt de hemdeloze patriotten van Spanje?
(Patriotten waarover de kranten van het oude Europa zo veel schrijven.)
Wie stort over de oude en nieuwe werelden het leed of het plezier? Wie maakt de politiek soepeler?
Wie kan de durf van Bonaparte weerstaan? –
De jood Rothschild en zijn collega, de christen Baring.

- Lord Byron, *Don Juan, Twaalfde Canto*

DE CENTRALE BANKEN IN DE VERENIGDE STATEN

Zoals dit hoofdstuk zal aantonen, waren alle ervaringen van de Verenigde Staten met centrale banken rampzalig.

Tijdens de koloniale periode gaven de Amerikaanse koloniën hun eigen papiergeld uit. De eerste kolonie die dit deed was Massachusetts in 1691. Pennsylvania, de staat New York, Delaware en Maryland volgden al snel. Ze noemden hun geld 'colonial script' of wisselbrieven. Dit systeem had hen bevrijd van de controle van de Engelse banken en stelde hen in staat hun financiële zaken te regelen in een omgeving zonder inflatie en met zeer weinig belastingen. In alle koloniën ontwikkelde zich economische groei en daaruit vloeide grote welvaart voort, wat niet mogelijk zou zijn geweest onder een particulier banksysteem dat op woeker was gebaseerd.

oktober 1811 bezocht en met veel verve zijn naam op een van de binnenmuren geschreven: Napoléon Bonaparte Imperator.

In 1763 bezocht de Amerikaanse staatsman Benjamin Franklin (1706-1790) Londen, waar hij geschokt was door de ellendige wijken en de wijdverbreide armoede die hij zag. Toen het Britse parlement Franklin vroeg om de oorsprong van de welvaart van de Amerikaanse koloniën uit te leggen, antwoordde hij het volgende:

> "Het is heel eenvoudig. In de koloniën geven we ons eigen geld uit. Dat heet het koloniale effect. We geven het uit in verhouding tot de behoeften van de handel en de industrie om de uitwisseling tussen producenten en consumenten te vergemakkelijken. Op deze manier, door zelf ons eigen geld te creëren, controleren we de koopkracht ervan en hoeven we aan niemand rente te betalen."

Het jaar daarop, in 1794, voerde de Bank of England de Currency Bill ([99]) in, een wet die het recht van de koloniën om hun eigen geld uit te geven ernstig beperkte en de wettelijke status ervan voor de betaling van openbare en particuliere schulden feitelijk verbood. In plaats daarvan dwong de bank hen om rentedragende schatkistcertificaten uit te geven en deze aan de Bank of England te verkopen in ruil voor Engelse valuta. Vervolgens werd slechts de helft van het geld uitbetaald. Deze wet leidde tot een ineenstorting van de economie van de koloniën en binnen een jaar was meer dan de helft van de bevolking werkloos en vervallen in armoede. De Stamp Act van 1765 (de zegelrechtwet), aangenomen door het Britse parlement, was de druppel die de emmer deed overlopen, maar de afschaffing van de koloniale munteenheid was de primaire oorzaak van de Amerikaanse revolutie.

Een van de eerste taken die werd toevertrouwd aan het Tweede Continentale Congres, dat op 10 mei 1775 voor het eerst bijeenkwam, was het uitgeven van een eigen munteenheid, voornamelijk om de oorlogsuitgaven te financieren. In totaal werd er gedurende het hele bestaan van deze munteenheid $241.552.788 uitgegeven. De Bank of England reageerde snel. Honderden arbeiders werden aangeworven en al snel rolden er

[99] 4 Geo. IIIc. p. 34.

miljoenen dollars aan valse bankbiljetten van de persen en werden ze naar New York verscheept. De continentale dollar behield zijn belangrijkste koopkracht e gedurende de eerste twee jaar van zijn uitgifte, maar zodra de Engelse valse bankbiljetten in omloop kwamen, stortte de waarde ervan in en in 1780 was een dollar nog maar 2,5 cent waard.

Vijftien jaar later, in 1790, zette de Bank of England een soortgelijke operatie op, waarbij 400 arbeiders in 17 fabrieken in Midden- en Zuid-Engeland werden ingezet om de *assignaten* te drukken, de munteenheid van het revolutionaire Frankrijk. De *assignaten,* die waren gekoppeld aan kerkelijke domeinen, circuleerden in het begin met succes als een efficiënt en praktisch ruilmiddel. Een aanzienlijk deel van de staatsschuld werd afgelost. In 1792 leidde de massale toevoer van valse bankbiljetten echter al snel tot een ineenstorting van de waarde van *de assignaten,* waarna een korte periode van hyperinflatie volgde. Op 14 april 1803 introduceerde Napoleon Bonaparte de door de regering uitgegeven frank, die in 1808 wettig betaalmiddel werd.

De **First Bank of the United States,** gebouwd in Philadelphia in 1795. De belangrijkste aandeelhouder van de bank was **Mayer Amschel Rothschild** (1744-1812)

Al in 1781, nog voor het einde van de Onafhankelijkheidsoorlog op 11 april 1783, vaardigde Robert

Morris (1734-1806), de Surintendant des Finances, een wet uit die de nieuwe staat tot slavernij reduceerde, met de oprichting van de Bank of North-. Deze bank begon haar activiteiten op 4 januari 1782. Ze trok aanzienlijke goud- en zilverdeposito's aan in ruil voor wissels die waren verkregen door leningen van Frankrijk en Nederland, waardoor ze vervolgens op basis van haar sterke reserves papiergeld kon uitgeven. Tussen 1791 en 1796 bedroeg de inflatie 72%. In 1795 trok de staat Pennsylvania zich terug uit haar rechtsgebied vanwege "een alarmerende buitenlandse invloed en een kunstmatig krediet".[100]

Op 25 februari 1791 werd de Bank of North America opgevolgd door een tweede centrale bank, die werd voorgesteld als de First Bank (Eerste Bank) van de Verenigde Staten. Deze bank werd erdoor gedrukt door de intriges van Alexander Hamilton, de minister van Financiën ([101]), wiens daden erop wijzen dat hij nauw samenwerkte met de directeuren van de Bank of England, aangezien hij de bank naar het voorbeeld van deze laatste vormgaf. De nieuwe bank beschikte over een kapitaal van 10 miljoen dollar, waarvan 20% in handen was van de Amerikaanse regering en de rest verdeeld was onder particuliere investeerders. De bank stuitte op hevig verzet van de toekomstige presidenten John Adams, James Madison en Thomas Jefferson (toenmalig minister van Buitenlandse Zaken), die later zou verklaren:

> "Deze Centrale Bank is een dodelijke instelling die indruist tegen alle principes en de vorm van onze Grondwet... Ik denk dat bankinstellingen gevaarlijker zijn voor onze vrijheden dan dreigende legers. Ze hebben al een geldaristocratie voortgebracht die de regering trotseert. De bevoegdheid tot het uitgeven van geld zou aan de banken moeten worden ontnomen en teruggegeven aan het volk, aan wie deze van rechtswege

[100] T. H. Goddard, *History of Banking Institutions of Europe and the United States*, H. C. Sleight, 1831, p. 48-50.

[101] Hamilton werd op 11 januari 1755 of 1757 geboren als zoon van een Franse hugenotenmoeder, Rachel Faucett Levine, op het eiland Nevis in het Caribisch gebied, in de schaduw van de berg Sion. Het is waarschijnlijk dat Hamilton niet zijn echte naam was. De auteur heeft het eiland en het Hamilton-museum bezocht.

> toekomt. Als het Amerikaanse volk de banken toestaat de uitgifte van zijn geld te controleren, eerst door inflatie en vervolgens door deflatie, zullen de banken en de bedrijven die eromheen zullen bloeien het volk van al zijn bezit beroven, totdat hun kinderen dakloos achterblijven op het continent dat hun vaders hebben veroverd."[102]

Het jaar daarop organiseerde de bank de eerste beurscrash, bekend als de "Paniek van 1792". Door de markt te overspoelen met goedkope kredieten en vervolgens plotseling de terugbetaling van het grootste deel daarvan te eisen, stortte de bank de hele economie in een algemene malaise. Dit leidde tot sociale ellende en de beurs stortte in.

Eind 1795 had de bank 6 miljoen dollar aan de regering geleend, oftewel 60% van haar kapitaal. Omdat de bank zogenaamd bezorgd was over de stabiliteit van de overheidsfinanciën, eiste zij een gedeeltelijke terugbetaling van haar leningen. De regering beschikte niet over de nodige middelen en werd daarom gedwongen haar aandeel in de bank tussen 1796 en 1802 te verkopen. Door middel van deze list kwam de bank volledig in particuliere handen, waarbij 75% van de aandelen in handen was van buitenlanders.

In 1811 moest het mandaat van de bank worden verlengd. De bank verborg haar winsten, opereerde clandestien en was ongrondwettelijk. Ze was voornamelijk opgezet om de financiële belangen van het noorden te dienen, ten koste van de agrarische ontwikkeling van het zuiden, terwijl de Democratisch-Republikeinen (Jeffersonianen) haar wilden afschaffen.

De voormalige president Thomas Jefferson was een van degenen die zich "fel verzetten"[103] tegen de verlenging van de wet. Wat de wetgevers vooral zorgen baarde, was het feit dat de bank nu voor 100% in handen was van buitenlandse investeerders. De pers beschreef de wet tot oprichting van deze centrale bank als een "grote zwendel", een "gier", een "adder"

---

[102] Brief aan majoor John Cartwright, 5 juni 1824.

[103] R. E. Search, *Lincoln Money Martyred,* Omni Publications, Palmdale, Californië, 1989, (voor het eerst gepubliceerd in 1935), p. 38.

en een "cobra".[104] Bovendien stelden zij dat het Congres het grondwettelijke recht had om maten en gewichten te reguleren en munten uit te geven.[105] De wet werd met een krappe meerderheid van 65 tegen 64 stemmen verworpen, wat een prestatie was, aangezien de kans groot is dat veel stemmen voor de wet zijn gekocht. Uiteindelijk sloot de bank op 3 maart 1811 haar deuren.[106]

Toen de belangrijkste aandeelhouder van de First Bank of the United States, Mayer Amschel Rothschild (wiens echte naam Bauer was), hoorde van de diepe verdeeldheid over de verlenging van het charter van de bank, werd hij woedend en verklaarde hij: “Ofwel wordt het verzoek tot verlenging van het charter aanvaard, ofwel zullen de Verenigde Staten verwikkeld raken in een uiterst rampzalige oorlog. "[107] Hij verklaarde ook: "Ik ga die brutale Amerikanen een lesje leren en ze terugbrengen naar het koloniale tijdperk." Rothschild probeerde de Britse premier Spencer Perceval te beïnvloeden om de oorlog te verklaren aan de Verenigde Staten, teneinde zijn particuliere centrale bank terug te krijgen.

In 1807 trad Perceval toe tot het kabinet als minister van Financiën. In die tijd was Engeland in oorlog met Frankrijk en een van zijn belangrijkste taken was het werven van fondsen om de vijandelijkheden te financieren. In plaats van de belastingen te verhogen, sloot Perceval talrijke leningen af, aanvankelijk bij de Barings Bank en later voornamelijk bij de Rothschilds. De secretaris van Perceval was John Charles Herries, die vijf jaar eerder in deze functie was benoemd. Herries[108] was een vertrouweling van Nathan Rothschild en tot aan zijn dood in 1858 diende hij trouw de zaak van Rothschild in de verschillende functies die hij bekleedde binnen de Britse regering, als First Lord of the Treasury, Commissaris-generaal van het leger en vervolgens als minister van Financiën.

---

[104] Ibid., p. 38-39.

[105] Grondwet van de Verenigde Staten, Artikel I, Sectie 8, Clausule 5.

[106] http://eh.net/encyclopedia/the-first-bank-of-the-united-states/

[107] www.armchairgeneral.com/forums/showthread.hp%3Ft%3DA109776

[108] N. Ferguson, *The House of Rothschild, Money's Prophets 1798-1848,* Vol. 1, Penguin Books, Londen, 1999, p. 86.

[109]Ondertussen zaaiden *de provocateurs* van Rothschild ontevredenheid in Noord-Amerika. Om de Amerikanen te provoceren, begonnen de Britten zich te mengen in de handel van Amerika met Frankrijk, dat zelf een handelsblokkade tegen Engeland had ingesteld. Omdat de Royal Navy een tekort aan zeelieden had, gingen ze over tot gedwongen rekrutering van Amerikaanse zeelieden. Ze leverden ook wapens aan indianenstammen, met name aan het hoofd van de Chaouanons, Tecumseh, om de westwaartse expansie van de pioniers te vertragen en te beperken. De Amerikanen van hun kant toonden hun wens om een deel van Canada in te nemen.

Tegelijkertijd stond Perceval onder toenemende druk van Nathan Rothschild om de oorlog aan de Verenigde Staten te verklaren. Hij weigerde. Het Britse leger zat al vast in een uitzichtloze situatie in Spanje en Portugal (de Spaanse Onafhankelijkheidsoorlog 1808-1814), in gevecht met de troepen van Napoleon, en had dus geen zin om nog meer troepen en middelen in te zetten, allemaal gefinancierd door nog meer bankleningen tegen rente, alleen maar om de tanende bankbelangen van Rothschild in Amerika te behouden.

John Bellingham, de moordenaar van Spencer Perceval, werd rond 1769 geboren in St Neots, in Huntingdonshire. Van 1800 tot 1802 werkte hij in Archangelsk als import- en exportagent. In 1804 keerde hij terug naar Rusland, en in november van dat jaar werd hij valselijk beschuldigd van het niet nakomen van een schuld van 4.890 roebel, wat leidde tot een gevangenisstraf van vier jaar. Na zijn vrijlating vestigde Bellingham zich in Duke Street, in Liverpool. Hij diende tevergeefs verzoekschriften in bij de regering om een schadevergoeding te ontvangen.

Deze verbitterde en benadeelde man kwam in contact met twee handelaren, Thomas Wilson, een Amerikaan, en Elisha Peck,[110] een Amerikaanse jood, die beiden voorstander waren van de intrekking van het decreet dat neutrale landen verbood handel te drijven met Frankrijk. Dit decreet was door Perceval

[109] N.D.T.: in het Frans in de tekst.

[110] http://guardian.com/books/2012/may/11/why-spencer-perceval-androlinklater-review

uitgevaardigd als reactie op de Continentale Blokkade van Napoleon, die deze laatste in 1806 had ingesteld, en verbood de handel tussen Engeland en Ierland. De voortzetting ervan zou op die fatale avond in het parlement worden besproken. We zien hier dus een samenloop van belangen: een verwarde man vol wrok, twee hebzuchtige kooplieden en de poppenspeler Rothschild die achter de schermen aan de touwtjes trekt.

Op 11 mei 1812 om 17.15 uur, toen Perceval de hal van het Lagerhuis binnenkwam, stapte Bellingham naar voren en schoot hem van dichtbij in het hart. Perceval zakte in elkaar en mompelde: "Een moord... Oh mijn God!"[111] Vervolgens stierf hij binnen enkele minuten. Vier dagen later werd Bellingham berecht in de Old Bailey (het Hooggerechtshof voor strafzaken). Het proces duurde drie dagen. Een pleidooi voor ontoerekeningsvatbaarheid werd afgewezen. De korte duur van het proces was waarschijnlijk te wijten aan de noodzaak om elke ongewenste onthulling te voorkomen. Zoals gebruikelijk bij dit soort politieke moorden, moest de theorie van de "lone assassin" koste wat kost in stand worden gehouden. Op 18 mei 1812 werd Bellingham opgehangen.

De moord op de Britse premier **Spencer Perceval** door de moordenaar van Rothschild,

[111] M. Gillen, *Assassination of the Prime Minister: the shocking death of Spencer Perceval*, Sidgwick & Jackson, Londen, 1972, p. 185.

John Bellingham.

Enkele weken na de moord op Perceval werd het decreet dat landen verbood handel te drijven met Frankrijk, ingetrokken.

In het Huis van Afgevaardigden van de Verenigde Staten leidde Henry Clay, die vrijmetselaar was, een groep jonge Democratisch-Republikeinen die bekendstonden als de 'War Hawks'. De stemming over de oorlogsverklaring vond plaats op 1juni 1812 met 79 stemmen tegen 49, waarbij de 39 federalisten weigerden de wet te steunen. In de Senaat was de uitslag 19 tegen 13 in het voordeel van de oorlog. Aangezien er geen unanimiteit was, verwezen critici vaak naar dit verzet als de 'oorlog van Mr Madison'.

In Engeland was de opvolger van Perceval, Lord Liverpool, een enthousiast voorstander van de oorlog. Geen van de strijdende partijen slaagde er echter in zijn doelstellingen te bereiken, behalve Nathan Rothschild, die op 10 april 1816 zijn plan om de Tweede Bank van de Verenigde Staten op te richten, wist te verwezenlijken. Toen de vijandelijkheden meer dan twee jaar later, op 24 augustus 1814, ophielden, waren er meer dan 24.000 slachtoffers te betreuren. De oorlog was financieel zeer kostbaar voor de Verenigde Staten. Hij had geleid tot een enorme oorlogsschuld van 105 miljoen dollar, wat in perspectief moet worden geplaatst met de toenmalige bevolking van amper acht miljoen. Dit resulteerde in een stijging van de staatsschuld met 182%, van 45 miljoen dollar in 1812 tot 127 miljoen dollar in 1815. De vrede werd op 24 december 1814 in Gent, België, ondertekend.

De Tweede Bank van de Verenigde Staten beschikte over een uitgebreid kapitaal van 35 miljoen dollar. De bank richtte onmiddellijk een groot aantal bankfilialen op om fiatgeld uit te lenen tegen samengestelde rente. In 1822 benoemde president James Monroe Nicholas Biddle tot president van de bank.

Biddle had eerder contact gelegd met de Rothschilds tijdens een regeringsbezoek aan Parijs in 1804, toen hij secretaris was van de ministeriële afgevaardigde van de Verenigde Staten in Frankrijk, John Armstrong. Als president van de bank fungeerde hij als handlanger van James de Rothschild, die de belangrijkste investeerder in de bank was.[112]

De "President van het Volk", **Andrew Jackson**, overleefde een moordaanslag voordat hij zijn veto uitsprak tegen een wet die de verlenging van het charter van de Tweede Bank van de Verenigde Staten, eigendom van Rothschild, zou hebben toegestaan.

De kunstmatig veroorzaakte economische recessie van 1819-1821 was zeer winstgevend voor de bankiers, omdat ze erin slaagden bezittingen tegen spotprijzen op te kopen. Dit

[112] Patrick Carmack, Bill Still, *The Money Masters: How International Bankers Gained Control of America* (Video, 1998), tekst hier: http://users.cyberone.com.au/myers/money-masters.html

overtuigde de leider van de Democraten, Andrew Jackson, er uiteindelijk van dat de enige manier om een einde te maken aan dit misbruik was om de centrale bank te sluiten. Tijdens de campagne voor zijn herverkiezing in 1832 verklaarde hij: "Het monster moet verdwijnen"[113] en zijn belangrijkste slogan was: "STEM OP ANDREW JACKSON – GEEN BANK". Hij verklaarde: "Als het Congres volgens de Grondwet het recht heeft om papiergeld uit te geven, moet het dat voor zichzelf gebruiken en dit essentiële voorrecht niet delegeren aan individuen of bedrijven."[114] Hij verklaarde ook: "Als het Amerikaanse volk maar begreep hoe onrechtvaardig ons bank- en monetaire systeem is, zou er voor morgenochtend een revolutie zijn."

Ondanks een moordaanslag op 30 januari 1835, gepleegd door een agent van Rothschild, Richard Lawrence, zette Jackson, toen het 20-jarige charter van de Tweede Bank van de Verenigde Staten in 1836 moest worden verlengd, de bank failliet door alle overheidsdeposito's op te nemen. Hij loste de staatsschuld snel volledig af, waardoor er een overschot van 50 miljoen dollar in de schatkist overbleef. De centrale bank werd vervangen door een onafhankelijk kasstelsel op basis van papiergeld en inwisselbaar contant geld.

Tijdens de ambtsperiode van John Tyler (1841-1845) werden er twee pogingen ondernomen door het Congres, met de steun van de voormalige voorzitter van het Huis van Afgevaardigden, Henry Clay, om de charter van de Bank van de Verenigde Staten te verlengen. Clay, die grootmeester van de Loge van Kentucky was geworden,[115], was een andere bekende agent die onder invloed stond van de Rothschilds. Tyler legde zijn veto in tegen beide wetsvoorstellen en werd vervolgens overspoeld met honderden dreigbrieven en

[113] R. V. Remini, *Andrew Jackson*, Twyne Publishers Inc., New York, 1966, p. 158.
[114] R. E. Search, op. cit., p. 43.
[115] Voor een studie over de vrijmetselarij, zie J. Robison: *Proof of a Conspiracy against all the Religions and Governments of Europe, carried on in the Secret Meetings of Freemasons, Illuminati, and Reading Societies, collected from Good Authorities*, Western Islands, Belmont, Massachusetts, 1967, (voor het eerst gepubliceerd in 1798), p. 304.

doodsbedreigingen.[116]

Gedurende de daaropvolgende 77 jaar ontwikkelden de Verenigde Staten zich zonder dat er ook maar enige behoefte was aan een centrale bank. Het betalingsverkeer was voornamelijk gebaseerd op bankbiljetten die zonder schuld en zonder rente door de Schatkist werden uitgegeven, de 'greenback'-dollars[117], voor het eerst gebruikt door president Abraham Lincoln in 1862 om zijn militaire uitgaven tijdens de Amerikaanse Burgeroorlog te financieren, en op gouden en zilveren munten.[118] (Tot 1873 konden goud en zilver gratis in de vorm van munten worden geslagen bij alle Amerikaanse muntfabrieken.) Nadat hij de aanbiedingen van particuliere bankiers had afgewezen om geld te lenen aan de Amerikaanse regering tegen rentetarieven variërend van 24% tot 36% per jaar,[119] liet Lincoln, op advies van zijn vriend kolonel Dick Taylor[120], 347 miljoen dollar aan geld uitgeven, zonder enige andere kosten voor het Amerikaanse volk dan de prijs van het drukken en de distributie. Lincolns wantrouwen jegens Lionel Rothschild en zijn oom James leidde tot zijn moord in de nacht van 15 april 1865 door John Wilkes Booth[121] (wiens echte naam Botha was) op verzoek van de lokale agent van Rothschild, genaamd Rothberg.

De Amerikaanse Burgeroorlog (1861-1865) liet de Amerikaanse regering achter met een schuld van 5 miljard dollar. Door de inflatie waren deze obligaties nog maar 2,5 miljard dollar waard. Een groot deel van deze obligaties werd gekocht door de agent van Rothschild, Auguste Belmont[122], in

[116] O. P. Chitwood, *John Tyler Champion of the Old South*, Russell & Russell, 1964, (voor het eerst gepubliceerd in 1939), p. 249-251.

[117] De Confederale regering gaf haar eigen schuld- en renteloze geld uit, de zogenaamde 'graybacks'. Deze hadden echter minder succes, omdat er door de regering van de Unie een grote hoeveelheid vals geld werd geproduceerd.

[118] *R. E. Search, op. cit., p. 67.*

[119] *Appleton Cyclopedia*, 1861, p. 286.

[120] In een brief van 16 december 1864 bedankte Lincoln kolonel Taylor voor zijn geweldige idee. Zie de bijlage.

[121] R. E. Search, op. cit., p. 114-131. Booth stond erom bekend dat hij de 'Hebreeuwse taal' sprak en regelmatig de diensten in de synagoge bijwoonde.

[122] Geboren als Schönberg in Alzey, Duitsland. Zie ook N. Ferguson, *The House of Rothschild, Money's Prophets 1798-1848*, Vol. 1, Penguin Books, Londen, 1999, p. 370-375.

de hoop ze tegen hun nominale waarde in goud te verzilveren. Tijdens de presidentsverkiezingen v e van 1868 beloofde de kandidaat van de Democratische Partij, George H. Pendleton, uitsluitend te betalen in papiergeld. Hij werd al snel vervangen door Horatio Seymour op initiatief van Belmont, die in 1860 de leiding had genomen over het Nationaal Democratisch Comité. Seymour beloofde een contante uitbetaling. Toen de Conventie echter een resolutie aannam ten gunste van papiergeld, werd Belmont gedwongen van kant te wisselen en vervolgens de Republikeinse kandidaat, generaal Ulysses S. Grant, te steunen en zijn aandelen in de *New York World* te gebruiken om Seymour in diskrediet te brengen en zijn verkiezingskansen te ondermijnen. Grant won het presidentschap en bij het aanvatten van zijn ambtstermijn in 1869 voerde hij onmiddellijk de Public Credit Act in, die de terugbetaling van de nominale waarde van de 5 miljard dollar aan goudschatkistcertificaten regelde. Dit stelde Rothschild en zijn partners in staat een winst van 100% te realiseren.

De zilverstandaard werd afgeschaft en vervangen door de goudstandaard door middel van de Coinage Act van 1873. Op 17 januari 1873 werd deze wet aangenomen door de Senaat. Volgens de beëdigde verklaring van de heer Frederick A. Luckenbach, gedateerd 9 mei 1892, had hij van de heer Ernest Seyd in Londen vernomen dat de demonetisatie van het Amerikaanse zilver uitdrukkelijk was bevolen door de gouverneurs van de Bank of England, die bovendien £100.000 ($500.000) hadden uitgegeven om een voldoende aantal leden van het Amerikaanse Congres die zich met financiële kwesties bezighielden, om te kopen.[123] Deze schandelijke daad staat

[123] Ibid., p. 66-68. Deze gebeurtenis werd later beschreven in een roman van W. H. Harvey, Coin Publishing Company, 1894. "De kern van de samenzwering ligt in het feit dat de bankiers van Londen, die joods waren, hadden besloten de Verenigde Staten te vernietigen door middel van monetaire manipulatie. In *A Tale of Two Nations* wordt het verhaal gepresenteerd in de vorm van een melodrama waarin de spilfiguur B. Rothe is, een naam waarvan de betekenis niet verloren is gegaan bij een generatie die veel had gehoord over de wandaden van de Rothschilds. Voor zijn persoonlijk gewin besluit Rothe dat hij, om te voorkomen dat Amerika financieel sterk wordt, de demonetisatie van het edelmetaal moet veroorzaken.» R. Gollam, *The Commonwealth Bank of Australia: Origins and Early History*, Australian National University Press, Canberra, 1968, p. 45-46.

bekend als de "Misdaad van 1873".

De gedwongen afschaffing van de zilveren munteenheid van het volk werd ook georganiseerd binnen het Duitse Rijk, toen de regering in 1871 op onverklaarbare wijze stopte met het slaan *van* zilveren *thaler-munten*. Het lijdt geen twijfel dat dit een gesynchroniseerd plan was, gecoördineerd door de Rothschilds, om de goudstandaard verder te versterken.[124]

De goudstandaard richtte grote schade aan in de Amerikaanse economie en stelde particuliere bankiers in staat om leningen te weigeren en de geldhoeveelheid naar believen te beperken. Dit leidde tot een reeks paniekgolven en abnormale stormloop op de banken, in 1873, 1884, 1890-91, 1893-94, 1897, en vervolgens in 1903 en 1907.[125] Deze kunstmatig opgewekte bankpanieken maakten president James Abram Garfield zo woedend dat hij, kort na zijn aantreden op 4 maart 1881, halverwege juni van datzelfde jaar een verklaring aflegde waarin hij uitlegde dat hij van plan was het probleem op te lossen:

> "Wie de geldhoeveelheid van een land controleert, is de absolute meester van de hele industrie en handel... En wanneer u zich realiseert dat het hele systeem op de een of andere manier heel gemakkelijk wordt gecontroleerd door een minderheid van machtige mannen aan de top, hoeft niemand u te vertellen waar de periodes van inflatie en depressie vandaan komen."[126]

---

[124] Zie: *Official Proceedings of the Democratic National Convention*, gehouden in Chicago, Illinois, op 7, 8, 9, 10 en 11 juli 1896, (Logansport, Indiana, 1896), p. 226-234, waar voormalig congreslid William Jennings Bryan zijn beroemde *'Gouden Kruis'*-toespraak hield: '… Wij zullen op hun verzoek om een goudstandaard antwoorden door te zeggen: u kunt de werkende wereld deze doornenkroon niet op het voorhoofd drukken. U mag de mensheid niet aan een gouden kruis kruisigen.'

[125] C. A. Lindbergh, *The Economic Pinch (Lindbergh on the Federal Reserve)*, The Noontide Press, Costa Mesa, Californië, 1989, (eerste uitgave in 1923), p. 93-94.

[126] E. H. Brown, *The Web of Debt, The Shocking Truth About Our Money System and How We Can Break Free*, Third Millenium Press, Baton Rouge, Louisiana, 2008, p. 96.

President **James Abram Garfield** (rechts) neergeschoten door een "lone assassin", Charles J. Guiteau, in het Centraal Station van Washington, op 2 juli 1881. In het midden staat de minister van Buitenlandse Zaken, James Blaine.

Twee weken later werd Garfield neergeschoten door een "lone assassin", Charles J. Guiteau, die zijn daad later rechtvaardigde met een grief over een promotie naar een diplomatieke functie. Garfield stierf niet onmiddellijk, maar als gevolg van de onjuiste medische zorg die hem werd verleend, hoogstwaarschijnlijk opzettelijk; hij leed tot aan zijn dood op 19 september 1881. Tijdens zijn proces kwam de verborgen rol van Rothschild aan het licht toen Guiteau uitriep dat 'belangrijke mannen in Europa hem deze taak hadden toevertrouwd en beloofd hadden hem te beschermen mocht hij ooit gepakt worden'.[127]

De paniek van 1907 had de ergste gevolgen. Al begin 1907 waarschuwde Jacob Schiff, de CEO van Kuhn, Loeb & Co.: „Tenzij we een centrale bank krijgen die adequaat toezicht houdt op het krediet, zal dit land de ernstigste monetaire paniek meemaken die de geschiedenis ooit heeft gekend."[128] In oktober van datzelfde jaar veroorzaakte J. P. Morgan, een andere stroman van Rothschild, paniek door het gerucht te verspreiden dat zijn rivaal, de Knickerbocker Bank and Trust

[127] http://en.wikipedia.org/wiki/James_A._Garfield
[128] Toespraak gehouden voor de Kamer van Koophandel van New York.

Co., insolvent was. Tijdens de daaropvolgende crash verloren de aandelen v 50% van hun waarde op de beurs van New York. De gevolgen van deze opzettelijke paniek waren een daling van de industriële productie met 11% in het daaropvolgende jaar, een stijging van de invoer met 26% en een explosieve stijging van de werkloosheid, die opliep van 3% naar 8%. Het waren deze voortdurende fasen van hoogconjunctuur en recessie, inflatie en deflatie, die de motivatie en het voorwendsel vormden voor de oprichting van een centrale bank, die al deze problemen zogenaamd voor eens en voor altijd zou oplossen.

DE OPRICHTING VAN DE FEDERAL RESERVE BANK VAN DE VERENIGDE STATEN

Om het publiek te misleiden, werden twee "alternatieven" voorgesteld. Het ene werd verdedigd door de Nationale Monetaire Commissie onder leiding van senator Nelson Aldrich (de grootvader van Nelson Aldrich Rockefeller), bekend als het Aldrich-plan. De andere oplossing, aangenomen door het Special Monetary Committee van de New York Chamber of Commerce, stond onder leiding van Paul Warburg, een Duits-Joodse bankier die optrad in het belang van Rothschild, in de persoon van baron Alfred Rothschild. Dit stond bekend als het Wall Street-plan. Afgezien van de verdeling van de reserves waren beide plannen in alle opzichten identiek en hadden ze geen ander doel dan de oprichting van een centrale reservebank.

Op 22 november 1910 verlieten de samenzwerende bankiers, waaronder onder andere: A. Piatt, adjunct-secretaris van de Schatkist, Frank Vanderlip, voorzitter van de National City Bank van New York, Henry P. Davidson, senior partner bij JP Morgan and Co., Charles D. Norton, voorzitter van de First National Bank of New York, Benjamin Strong, vicevoorzitter van de Bankers Trust of New York, en Paul Moritz Warburg, vennoot bij Kuhn, Loeb & Co., verlieten heimelijk New York in de Pullman-rijtuigwagen van Aldrich (met alle gordijnen dicht), vanuit Hoboken, het treinstation in New Jersey, op weg naar Jekyll Island in Georgia.[129] Het lot van het Amerikaanse volk zou de komende tien dagen worden bepaald in de zeer exclusieve Jekyll Island Hunting Club, eigendom van JP Morgan, door deze groep financiers met criminele bedoelingen, die zichzelf de Club des Prénoms noemden. Er werden inderdaad alleen voornamen gebruikt, om hun identiteit niet aan de medewerkers te onthullen.[130]

In het Huis van Afgevaardigden viel de Amerikaans-Zweedse **Charles Auguste Lindbergh** de bank- en monetaire wet aan en noemde deze "de grootste wetgevende misdaad aller tijden".

De wet tot oprichting van de Federal Reserve Bank van de Verenigde Staten werd fel bestreden door congreslid Charles

[129] H. S. Kenan, *The Federal Reserve Bank*, The Noontide Press, Los Angeles, 1968, p. 92-99.
[130] Ibid., p. 104.

Auguste Lindbergh, die verklaarde:

> "Deze wet vestigt het grootste monopolie ter wereld, een monopolie dat de Sherman Antitrustwet zou ontbinden als het Congres het niet uitdrukkelijk via deze wet had gecreëerd, wat deze wetgeving verbood. Wanneer de president deze wet heeft ondertekend, zal de onzichtbare regering van de monetaire macht, waarvan het bestaan is bewezen door het Pujo-onderzoek, worden gelegaliseerd. De grootste misdaad van het Congres ligt in zijn monetaire systeem. Deze nieuwe bank- en monetaire wet is de grootste wetgevende misdaad aller tijden."[131]

De wet leidde ook tot hevig protest in de Senaat, via senator Robert M. La Follette, een van de "felst tegenstanders".[132] Toch werd de wet op 23 december 1913 aangenomen, nadat de leden van de Senaat waren bedreigd door de weinig aanbevelenswaardige president Woodrow Wilson, "even verstoken van ethiek en principes als van moraliteit",[133] om de zitting voort te zetten totdat de wet was aangenomen door hun kerstvakantie te weigeren. Slechts een minderheid van 43 senatoren stemde voor de wet, 25 stemden tegen, 27 onthielden zich en 5 leden waren afwezig. De voorstanders van deze wet beloofden dat de Amerikaanse dollar een stabiele munteenheid zou worden en dat recessiecycli tot het verleden zouden behoren.

Wat dit betreft: sinds de oprichting van de Federal Reserve Bank van de Verenigde Staten in 1914 de Amerikaanse dollar 97% van zijn koopkracht verloren en heeft het land 19 recessies meegemaakt, de Grote Depressie van de jaren '30 en de huidige grote crisis die in 2008 begon en die, ondanks de propaganda die door de officiële media wordt verspreid, alle symptomen van een depressie vertoont. Sinds 1910 is de staatsschuld gestegen van 2,65 miljard dollar tot 17,5 biljoen

---

131 *The Senate*, Vol. 51, november 1912.

132 E. M. Josephson, *The "Federal" Reserve Conspiracy & Rockefellers*, Chedney Press, New York, 1968, p. 52.

133 Ibid., p. 43. President Wilson was het slachtoffer van Joodse chantage. Zie M. C. Piper, *The Making of Woodrow Wilson – An American Hero? The Barnes Review*, Washington D.C., Vol. VI, No. 2, maart/april 2000, p. 6-12.

dollar in 2014, terwijl de niet-gedekte verplichtingen meer dan 240 biljoen dollar bedragen.[134]

In plaats van te functioneren als de bankier van de bankiers van het volk, heeft de Federal Reserve Bank van de Verenigde Staten haar activiteiten uitgevoerd als een particuliere bank, uitsluitend ten behoeve van particuliere bankiers. Het is niet verwonderlijk dat haar rekeningen in de 100 jaar van haar bestaan nog nooit aan een openbare controle zijn onderworpen.[135]

De volgende lijst onthult de belangrijkste aandeelhouders van de bank:[136]

De Rothschild-banken in Londen en Parijs
De Bank des Frères Lazard in Parijs
De Bank Israël Moïse Sieff uit Italië
De Warburg-banken in Hamburg en Amsterdam
De Shearson American Express-bank
De Goldman Sachs-bank in New York
De JP Morgan Chase-bank[137]

---

[134] http://www.thecommonsenseshow.com/2014/08/05/the-statistics-do-not-liewelfare-is-the-best-paying-entry-level-job-in-35-states/

[135] Op 25 juli 2012 werd een voorstel voor een openbare audit ingediend door congreslid Ron Paul (Republikein uit Texas), en goedgekeurd met 327 stemmen tegen 98. Zoals hij op dat moment opmerkte: "Ik denk dat het feit dat zij [de Federal Reserve] triljoenen dollars kunnen beheren en weten dat niemand hen ook maar de minste vraag mag stellen, een moreel risico vormt. Dit voorstel is bedoeld om dat risico weg te nemen." *USA Today*, rubriek politiek.

[136] Het huis Rothschild is momenteel de meerderheidsaandeelhouder, met 58% van de aandelen. Zie E. Mullins, *Les Secrets de la Réserve Fédérale*, Retour aux sources.

[137] Op 20 juni 1992 nam JP Morgan de Manufacturers Hanover Trust en haar aandelen in de Federal Reserve over.

Senator **Robert Marion** 'Fighting Bob' **La Folette**, die alles in het werk stelde om te voorkomen dat de Bank- en Monetaire Wet werd aangenomen en het Amerikaanse volk daarmee tot slavernij werd veroordeeld.

DE STAATSBANK VAN HET RUSSISCHE RIJK

De Staatsbank van het Russische Rijk aan de Nelinnaya 12 in Moskou. In ditzelfde gebouw is tegenwoordig de Centrale Bank van de Russische Federatie gevestigd.

Ondertussen was aan de andere kant van de Atlantische Oceaan een ander financieel systeem, namelijk de Staatsbank, ingevoerd. Van september 1814 tot juni 1815 vond het Congres van Wenen plaats om de kwesties op te lossen die waren ontstaan door de Franse Revolutionaire Oorlogen, de Napoleontische Oorlogen en de ontbinding van het Heilige Roomse Rijk. Achter de schermen stelde Nathan Mayer Rothschild de vorming voor van een nieuwe wereldorde, geconcentreerd rond zijn centrale banken. Alle grote mogendheden, met uitzondering van Rusland, stonden in de schulden bij de Rothschild-banken. Tsaar Alexander I (1801-1825) weigerde zich te schikken naar het duivelse plan van de Rothschilds en deed het mislukken. In plaats daarvan richtte hij de Heilige Alliantie op tussen Oostenrijk, Pruisen en Rusland, die op 26 september 1815 werd ondertekend door keizer Frans I van Oostenrijk, koning Frederik Willem III van Pruisen en tsaar Alexander. Hij wees ook het aanbod van Rothschild af om een centrale bank in Rusland op te richten. De geschiedenis vermeldt niet of hij geen vertrouwen had in deze schaduwbankier, of dat hij zich gewoon bewust was van de gevaren van het centrale banksysteem, maar hij sloeg dit verzoek wijselijk af. Dit voorzichtige gedrag wekte echter de wraakzuchtige en onverbiddelijke woede van de Rothschilds, die volgens generaal-majoor graaf Cherep-Spiridovich[138] de moord op de laatste vijf tsaren veroorzaakten en 102 jaar later op spectaculaire wijze hun talmoedische wraak namen.

Op 12 juni 1860 werd de Staatsbank van het Russische Rijk,[139], opgericht met als doel de handelsinkomsten te stimuleren en het monetaire stelsel te versterken. Tot 1894 was het slechts een hulpinstituut onder directe controle van het Ministerie van Financiën. In dat jaar werd zij omgevormd tot bankier der bankiers en werd zij het instrument van het economisch beleid van de regering. Zij sloeg en drukte de munten en bankbiljetten van de natie, regelde de geldhoeveelheid en verstrekte via het netwerk van handelsbanken kredieten tegen lage rentevoeten aan de industrie en de handel. Haar enorme goudreserves, de grootste ter wereld, overtroffen de waarde van de uitgegeven bankbiljetten met meer dan 100%, behalve in het jaar 1906. In 1914 was zij uitgegroeid tot een van de meest invloedrijke kredietinstellingen van Europa.[140] Zoals te verwachten was, had Rusland de laagste staatsschuld ter wereld. De volgende tabel geeft het bedrag in roebels weer van de schuld per inwoner van elk land.

Frankrijk	Groot-Brittannië	Duitsland	Rusland
288,0	169,8	135,6	58,7

In 1914 werd 83% van de rente en de aflossing van de staatsschuld, waarvan minder dan 2% in buitenlandse handen was, gefinancierd uit de winsten van de Russische staatsspoorwegen. In 1916 bedroeg de totale lengte van de

[138] Generaal-majoor graaf A. Cherep-Spiridovich, *The Secret World Government or "The Hidden Hand"*, The Anti-Bolshevist Publishing Association, New York, 1926, p. 41. Geen van deze tsaren bereikte de volwassen leeftijd. Hun gemiddelde levensduur bedroeg 53 jaar. Zie ook S. Goodson, De moord op de tsaren: de Rothschild-connectie, *The Barnes Review*, Washington D.C., Vol. XX, Nr. 5, september/oktober 2014, p. 38-40.

[139] A. Del Mar, *Money and Civilization: Or a History of the Monetary Laws and Systems of Various States Since the Dark Ages, and their Influence upon Civilization*, Omnia Publications, Hawthorne, Californië, 1975 (voor het eerst gepubliceerd in 1886), p. 313.

[140] De Staatsbank van het Russische Rijk, de Centrale Bank van de Russische Federatie, Neglinnaya-straat 12, Moskou 107016.

hoofdlijnen 100.817 werst of kilometer. De Russische handelsvloot bedroeg in 1910 11.130.000 ton, waarmee deze de Britse handelsvloot van 10.750.000 ton overtrof.

In 1861 schafte tsaar Alexander II (1855-1881)[141] de lijfeigenschap af, die op dat moment 30% van de bevolking betrof. In 1914 was er nog maar heel weinig land in handen van de Russische landeigenaren, die voornamelijk afkomstig waren uit de adel. 80% van de landbouwgrond was in handen van de boeren, aan wie deze tegen een zeer bescheiden bedrag was overgedragen. Deze gronden waren eigendom van de dorpsgemeenschap, de *mir*. Na de wet die in 1906 door Stolypine werd uitgevaardigd[142], konden de boeren echter eigendomstitels verkrijgen met de bijbehorende erfrechten. In 1913 maakten twee miljoen gezinnen van deze mogelijkheid gebruik om wat bekend werd als de "Stolypine-boerderijen" te verwerven. Bijna 7.689.027 hectare werd door het landcomité aan deze boeren-eigenaren toegewezen.[143] De Staatsbank voor Boeren, die destijds werd omschreven als "de maatschappelijk meest heilzame instelling voor landverwerving ter wereld",[144] verstrekte leningen tegen verlaagde rentetarieven, die in feite niets anders waren dan administratiekosten. Tussen 1901 en 1912 stegen deze leningen van 222 miljoen roebel tot 1,168 miljard roebel. De landbouwproductie schoot omhoog, zodanig dat Rusland in 1913 de graanschuur van de wereld was geworden, zoals uit de volgende tabel blijkt.

	Wereldwijde productie	Russische productie	%
Gerst	1.771,4	750,04	42,3

[141] Op 13 maart 1881 werd tsaar Alexander II in Sint-Petersburg vermoord door leden van een joodse terroristische organisatie, *Narodnaja Volja* (De Wil van het Volk).
[142] Piotr Arkadjevitsj Stolypine (1862-1911) was premier van Rusland van 1906 tot 1911. Op 18 september 1911 werd hij vermoord door een joodse terrorist, Dmitri Bogrov (echte naam: Mordechai Gershkovitsj).
[143] G. Buchanan, *My Mission to Russia and Other Diplomatic Memories*, Cassell and Company Limited, Londen, 1923, p. 161.
[144] G. Knupffer, *The Struggle for World Power, Revolution and Counter-Revolution*, The Plain-Speaker Publishing Company, Londen, 1971, p. 230.

Haver	3.324,6	1.087,00	30,3
Rogge	2.378,0	1.593,00	67,0
Tarwe	4.971,4	1.554,80	31,2

De Russische graanproductie overtrof de gezamenlijke oogsten van Argentinië, Canada en de Verenigde Staten met 25%. In 1913 beschikte Rusland over 37,5 miljoen paarden – meer dan de helft van de wereldwijde paardenpopulatie. Het produceerde ook 80% van het wereldwijde vlas en leverde meer dan 50% van de wereldwijde eierimport. Ook de mijnbouw en de industriële productie leverden enorme winsten op. Tussen 1885 en 1913 steeg de steenkoolproductie van 259,6 miljoen poed[145] tot 2,159 miljoen poed, de productie van gietijzer steeg van 25 miljoen po t 1,378 miljoen po n de olieproductie groeide van 491,2 miljoen po n 1906 tot 602,1 miljoen po n 1916. Van 1870 tot 1914 kende de jaarlijkse industriële productie in Groot-Brittannië een groei van 1%, tegenover 2,75% in de Verenigde Staten en 3,5% in Rusland. Tussen 1890 en 1913 verviervoudigde de industriële activiteit en slaagde de Russische productie erin om 80% van de binnenlandse vraag naar industrieproducten te bevredigen – een perfect voorbeeld van economische autarkie. Gedurende de laatste 20 jaar van vreedzaam keizerlijk bewind (1895-1914) groeide het bruto binnenlands product gemiddeld met 10% per jaar.

Aangezien de Russische Staatsbank het geld van het volk uit het niets creëerde tegen een rente van bijna 0%; in tegenstelling tot de rest van de wereld waar parasitaire particuliere centrale banken het geld van hun respectieve landen creëren door ruïneuze woekerrente in rekening te brengen, is het niet verwonderlijk dat Rusland in 1912 het land was met het laagste belastingtarief ter w e. Deze zeer lage belastingen getuigen ook van de efficiëntie van de Russische regering van die tijd. Bovendien was er gedurende deze

[145] 1 poed = 16,38 kg

periode van staatsbankwezen geen inflatie en geen werkloosheid.

Directe belastingen in roebels per inwoner

	Staatsbelastingen %	Lokale belastingen %	Totaal %
Groot-Brittannië	10,01	16,74	26,75
Duitsland	5,45	7,52	12,97
Frankrijk	6,44	5,91	12,35
Oostenrijk	5,12	5,07	10,19
Rusland	1,28	1,38	2,66

Indirecte belastingen in roebels per inwoner

	Staatsbelastingen %	Lokale belastingen %	Totaal %
Groot-Brittannië	13,86	-	13,86
Duitsland	9,31	0,33	9,64
Frankrijk	13,11	2,89	16,00
Oostenrijk	9,9	1,38	11,28
Rusland	5,95	0,03	5,98

Tussen 1897 en 1913 stegen de staatsinkomsten van 1.400 miljoen goudroebel[146] tot 3.471 miljoen goudroebel. In 1914 bedroeg het begrotingsoverschot 512 miljoen goudroebel, en dat zonder enige belastingverhoging. Gedurende dezelfde periode vertoonde de buitenlandse handelsbalans een overschot. We kunnen de financiële gezondheid van de Russische economie meten aan de hand van de onderstaande vergelijkende tabel van de goud.

[146] 1 roebel = twee gouden shillings; 9,4 roebel = £1.

Goudreserves

	Goud	Bankbiljetten
Staatsbank van het Russische Rijk	1.550	1.494
Banque de France (centrale bank)	1.193	2.196
Reichsbank (centrale bank)	411	930
Bank of England (centrale bank)	331	263

Een onafhankelijk onderzoek door Britse juristen concludeerde dat het wetboek en het Russische rechtssysteem "de meest geavanceerde en onpartijdige ter wereld" waren.[147]

[147] G. Knupffer, op. cit., p. 139-140.

Zijne Keizerlijke Majesteit, tsaar **Nicolaas II**. Zijn Staatsbank van het Russische Rijk bezorgde zijn volk een welvaart die ongekend was in de geschiedenis van de mensheid.

Het basisonderwijs was verplicht en gratis tot op universitair niveau, waar alleen inschrijfgeld in rekening werd gebracht. Tussen 1906 en 1914 werden er jaarlijks 10.000 scholen geopend. De Russische universiteiten stonden wereldwijd bekend om hun hoge academische normen.

De Russen waren pioniers op het gebied van het arbeidsrecht. Kinderarbeid werd meer dan 100 jaar eerder afgeschaft dan in Groot-Brittannië in 1867. Rusland was het eerste geïndustrialiseerde land dat wetten aannam om de werktijden in fabrieken en mijnen te beperken. Stakingen, die in de Sovjet-Unie verboden waren, waren in de tijd van de tsaar toegestaan, maar kwamen niet vaak voor. Vakbondsrechten werden in 1906 erkend, terwijl een arbeidsinspectie de arbeidsomstandigheden in de fabrieken streng controleerde. In 1912 werd een sociale zekerheid ingevoerd. De arbeidswetgeving was zo vooruitstrevend en humaan dat de president van de Verenigde Staten, William Taft, verklaarde: "De keizer van Rusland heeft een arbeidswetgeving uitgevaardigd die dichter bij de perfectie ligt dan die van welk democratisch land dan ook."[148]

De volkeren van verschillende rassen die binnen het Russische Rijk leefden, genoten een gelijkheid in status en kansen die ongeëvenaard was in de moderne wereld. Zijne Keizerlijke Majesteit, tsaar Nicolaas II (1894-1917) en zijn staatsbank creëerden een paradijs voor arbeiders dat zijn weerga niet kent in de geschiedenis van de mensheid.

Op 7 november 1917 veroorzaakten en financierden de Rothschilds, uit angst dat een navolging van dit buitengewone model van vrijheid en welvaart hun kwaadaardige bankimperium in gevaar zou brengen, een joods-bolsjewistische revolutie in Rusland,[149] die een prachtig land verwoestte en te gronde richtte en de dood door moord en hongersnood veroorzaakte van – volgens Aleksandr Solzjenitsyn – 66 miljoen onschuldige mensen de dood door

---

[148] Ibid., p. 142.

[149] Winston Churchill, *Zionisme versus bolsjewisme, een strijd om de ziel van het Joodse volk, Sunday Illustrated Herald,* 8 februari 1920. Churchill definieerde de revolutie als: "een wereldwijde samenzwering om de beschaving omver te werpen en de samenleving te herstructureren op basis van stilstand, kwaadaardige afgunst en onmogelijke gelijkheid, [...] die niet heeft opgehouden te groeien... Het was de spil van alle subversieve bewegingen in de negentiende eeuw; en nu heeft deze bende van buitengewone figuren uit de onderwereld van de grote steden van Europa en Amerika het Russische volk bij de haren gegrepen en zijn ze praktisch de onbetwiste heersers van dit enorme rijk geworden."

moord en hongersnood.[150]

HOE DE ROTHSCHILDS DE SOVJET-UNIE HEBBEN OPGERICHT EN DE CONTROLE EROVER HEBBEN OVERGENOMEN

In zijn boek *Wall Street en de bolsjewistische revolutie*[151] beschrijft auteur en professor Antony Sutton, aan de hand van documenten uit het ministerie van Buitenlandse Zaken en de archieven van Amerikaanse internationale bankiers, in detail "de enthousiaste alliantie tussen Wall Street en het marxistische socialisme "[152] Zonder de essentiële financiële steun van de J.P. Morgan Guaranty Trust Company, de Chase National Bank van John D. Rockefeller, de Kuhn Loeb and Company van Jacob Schiff en de Zweedse Nya Banken[153] van Olof Aschberg, zou de joods-bolsjewistische revolutie niet tot stand zijn gekomen.

De rol van Maxim Litvinov (1876-1951) is bijzonder interessant wat betreft de financiering van de revolutie. Geboren als Meyer-Genokh Mojsjewicz Wallach-Finkelstein, was hij een 'revolutionair' die meewerkte aan de vernietiging van het keizerlijke Rusland om het uit te leveren aan de internationale bankiers.

Litvinov begon zijn carrière als revolutionair in 1898. In 1901 werd hij gearresteerd en bracht hij 18 maanden in de gevangenis door voordat hij ontsnapte. In 1903 kreeg hij geld toevertrouwd voor de financiering en verspreiding van de krant van de Russische Sociaal-Democratische Partij, *de*

[150] Volgens de Zwitserse historicus Jürgen Graf maakte Solzjenitsyn gebruik van een statisticus die het aantal doden op 66 miljoen schatte. In *The American Hebrew Magazine* van 10 september 1920 werd verklaard: "De bolsjewistische revolutie in Rusland was het werk van joodse planning en joodse ontevredenheid. Ons plan is om een Nieuwe Wereldorde te vestigen. Wat zo wonderbaarlijk heeft gewerkt in Rusland, zal een realiteit worden voor de hele wereld."

[151] A. C. Sutton, *Wall Street and the Bolshevik Revolution*, Arlington House Publishers, New Rochelle, New York, 1981.

[152] Ibid., 16.

[153] In 1918 werd de bank omgedoopt tot Svensk Ekonomiebolaget.

Iskra[154], die vanuit Londen werd gedrukt. In 1905 ontving Litvinov nog meer geld van 'buitenlandse vrienden'[155], waardoor hij wapens kon aanschaffen – ook deze afkomstig uit Londen. Vervolgens werd Litvinov, ook bekend onder de bijnaam *Papasha* of Papi[156], het knooppunt van alle buitenlandse financiering en werd hij benoemd tot penningmeester van de partij – een besluit dat Lenin niet kon tegenhouden, omdat Litvinov een vertegenwoordiger was van de Rothschilds, wier macht die van Lenin overtrof. Lenin werd slechts op de hoogte gesteld van het besluit. Enkele maanden later, tijdens een bijeenkomst in Genève, werd Litvinov verkozen tot secretaris van Buitenlandse Zaken. Lenin werd opnieuw op de hoogte gebracht van dit besluit. Litvinov was nooit een echte revolutionair, maar gebruikte het bolsjewisme veeleer als een voorwendsel om de doelstellingen van zijn meesters te bevorderen.

Van 1908 tot 1918 verbleef Litvinov in Londen, dankzij de hulp van zijn "Engelse vrienden".[157] Gedurende deze periode bekleedde hij verschillende functies. Hij werkte voor de uitgeverij Williams and Norgate, vervolgens voor een reisbureau en een winkel in landbouwmachines. Deze bezigheden boden hem een ideale dekmantel voor zijn clandestiene activiteiten. In 1914, bij het uitbreken van de Eerste Wereldoorlog, vroeg de Russische regering al haar burgers terug te keren naar Rusland om in het leger te gaan. De Britse autoriteiten stonden Litvinov echter toe te blijven. In 1916 trouwde Litvinov met de dochter van een van de meest vooraanstaande joodse families: Ivy Low.

Op 3 januari 1918 werd Litvinov benoemd tot geaccrediteerd vertegenwoordiger van Sovjet-Rusland. Een van zijn allereerste taken was te verzoeken om de teruggave van het geld dat bij de Bank of England in bewaring was en toebehoorde aan de tsaristische ambassade. De bank gaf

---

[154] De Russische term voor vonk.
[155] N. Starikov, *Rouble Nationalization The Way to Russia's Freedom*, Sint-Petersburg, Piter, 2013, 189.
[156] Ibid., 190.
[157] Ibid., 188.

hieraan gehoor.

In september 1918 kwam een samenzwering tegen de bolsjewieken aan het licht, waarbij ambassadeur Robert Bruce Lockhart betrokken was. Lockhart en Litvinov werden beiden gearresteerd door hun respectieve regeringen, en dankzij een uitwisseling keerde Litvinov terug naar Moskou. Zijn nieuwe missie bestond erin “de snelle afvoer van goud en kostbare juwelen uit Rusland”[158] via Scandinavië veilig te stellen, onder het mom van een aankoopprogramma voor stoommachines, later bekend als de “gouden motoren”. Een kwart van de goudreserves van Rusland werd naar Zweden overgebracht alvorens te worden doorgestuurd. Dit was nu het moment van beloning voor de Rothschilds.

Op 21 april 1921 werd Litvinov benoemd tot lid van de Raad van Volkscommissarissen voor valutatransacties en de verkoop van goud in het buitenland. "Honderden miljoenen [roebels] aan goud passeerden door mijn handen voordat ze in het buitenland werden verkocht. Ik verkocht het grootste deel van dit goud via diverse tussenpersonen aan grote Franse bedrijven die het ofwel in Frankrijk ofwel in Zwitserland omsmolten, waarna dit goud zijn eindbestemming bereikte in de kluizen van de Amerikaanse Federal Reserve[159] – een privébank die eigendom is van Rothschild! Litvinov was de "gevolmachtigde vertegenwoordiger van de bankiers – de eigenaars van de Federal Reserve, de Bank of England en Sovjet-Rusland" geworden[160] Zoals we kunnen zien, was de bolsjewistische revolutie niets anders dan een gigantische plunderactie door de Rothschilds.

In december 1921 werd de Autonome Industriële Kolonie van Kuzbass opgericht. Deze kolonie verleende de zeggenschap over een uitgestrekt industrieel complex aan een groep Amerikaanse en Europese investeerders die het hadden gefinancierd. Vanaf dat moment werden "miljoenen gouden roebels naar het buitenland overgemaakt zonder dat er

[158] Ibid., 194.
[159] Ibid., 199.
[160] Ibid., 203.

douanerechten werden betaald, zogenaamd als rente op het door Europese bankiers geïnvesteerde kapitaal"[161], ondanks het feit dat deze investeringen niet allemaal even groot waren.

In 1924 werd Jozef Stalin de leider van de Sovjet-Unie, maar Litvinov, die voor niemand bang was, bleef een vooraanstaande figuur. Zijn onbeschoftheid tegenover Stalin was spreekwoordelijk.[162] Tijdens de zuivering van 1937-1938 werden bijna alle parlementsleden van Litvinov gearresteerd en gefusilleerd. Litvinov pleitte voor een van zijn beste vrienden: Boris Stomonyakov, en liet Stalin weten dat hij zich voor hem garant stelde. Stalin keek Litvinov recht in de ogen en antwoordde: "Kameraad Litvinov, je kunt alleen voor jezelf instaan."[163]

Van 1930 tot 1939 bekleedde Litvinov de functie van Volkscommissaris van Buitenlandse Zaken van de Sovjet-Unie. In 1939 begonnen de betrekkingen tussen Nationaal-Socialistisch Duitsland en de Sovjet-Unie te verbeteren. Deze ontspanning was een gruwel voor de meesters van Litvinov, die de nachtmerrieachtige herinnering koesterde aan de Heilige Alliantie die Oostenrijk, Pruisen en Rusland in 1815 verenigde, evenals aan de *Dreikaiserbund* (Driekeizerbond) die Bismarck in 1872 tussen dezelfde drie rijken had geïnitieerd. Litvinov kwam tussenbeide, maar op dat moment had Stalin genoeg van zijn brutale gedrag. Op 3 mei 1939 vond er een stille staatsgreep plaats toen Stalin "de marionet van de bankmaffia uit zijn functie als minister van Buitenlandse Zaken zette."[164]

Dankzij haar eigen staatsbank, de Gosbank, die op 16 november 1921 werd opgericht, had de Sovjet-Unie eindelijk haar soevereiniteit en onafhankelijkheid ten opzichte van de internationale bankiers verworven. Alle assistenten van

[161] Ibid., 204.
[162] Ibid., 205, 206 en 209. In juni 1941 verscheen Litvinov tijdens een bijeenkomst van buitenlandse diplomaten in een prachtig pak van fleecewol. Stalin vroeg hem waarom hij geen donker pak droeg, zoals iedereen. Litvinov antwoordde hem schertsend: "Het is door de motten opgegeten".
[163] Ibid., 206.
[164] Ibid., 207.

Litvinov en hun directeuren werden gearresteerd, maar hijzelf werd gespaard, omdat hij onaantastbaar was. Litvinov mocht zich terugtrekken in zijn *datsja*, maar werd voortdurend in de gaten gehouden.

Maxime Litvinov (geboren als Wallach-Finkelstein) was meer dan veertig jaar lang de tussenpersoon van de Rothschilds. Hij organiseerde de plundering van Rusland door de internationale bankiers.

Tegen het einde van 1941 werd er opnieuw een beroep gedaan op Litvinovs diensten. Nu de Duitsers aan de poorten van Moskou stonden, vereiste de wanhopige situatie van Stalin dringende hulp uit het Westen. Litvinov werd als Sovjetambassadeur naar Moskou gestuurd. De Amerikanen waren terughoudend om geld te lenen aan de Sovjet-Unie, maar Litvinov had dit al snel opgelost en binnen enkele weken werd een lening van een miljard dollar toegekend. Er werd een leen- en leaseovereenkomst ondertekend en in de vier daaropvolgende jaren werden grondstoffen en diensten ter waarde van 11 miljard dollar geleverd.

Litvinov "kon op elk moment contact opnemen met het Witte Huis en president [Roosevelt] ontving hem onmiddellijk"[165]. Deze twee handlangers van de internationale bankiers pompten het goud – enerzijds uit Rusland, anderzijds van het Amerikaanse volk – rechtstreeks in de kluizen van de Federal Reserve van Rothschild.[166]

Litvinov[167] werd in 1943 teruggeroepen toen de oorlog in het voordeel van Rusland keerde. Zijn opvolger als minister van Buitenlandse Zaken, Vyacheslav Molotov, geeft ons een veelzeggend standpunt: "Litvinov betoonde ons totale vijandigheid… Hij verdiende de zwaarste straf in handen van het proletariaat. Een exemplarische straf."[168]

Tussen 1 en 22 juli 1944 organiseerden internationale bankiers een conferentie in Bretton Woods, New Hampshire. Het doel was de oprichting van een Wereldbank en een Internationaal Monetair Fonds die de betrekkingen tussen onafhankelijke naties zouden regelen en vaste wisselkoersen zouden handhaven. De Sovjetvertegenwoordigers namen deel aan de conferentie, maar weigerden te ondertekenen, omdat ze verklaarden dat de voorgestelde instellingen slechts "filialen

[165] Litvinov was ambassadeur van 10 november 1941 tot 22 augustus 1943.
[166] N. Starikov, op.cit., 211. Op 5 april 1933 nam de Amerikaanse regering bij Executive Order 6102 al het goud van haar burgers in beslag, met uitzondering van numismatische munten, en ruilde dit in voor papiergeld.
[167] Het is niet verwonderlijk dat Litvinov weigerde zijn memoires te schrijven.
[168] F. Chuev en A. Resis, *Molotov Remembers*, Chicago, 1993, 68.

van Wall Street" waren.[169] Deze brutaliteit van Stalin wekte waarschijnlijk de woede van de Rothschilds, maar ze konden niet veel doen zolang Duitsland onverslagen bleef.

Tussen 17 juli en 2 augustus 1945 vond de conferentie van Potsdam plaats in Duitsland. Daar werden de nieuwe grenzen van Europa vastgelegd. Vanaf dat moment raakte de Sovjet-Unie geleidelijk geïsoleerd en dat was het begin van de Koude Oorlog. Stalin had geen enkele invloed op West-Europa. Zijn leger was volledig uitgeput en hij had al zijn handen vol aan het onder zijn hegemonie brengen van Oost-Europa en het herstellen van alle schade die zijn land had geleden, die hij zichzelf had toegebracht door Duitsland uit te dagen met een preventieve oorlog.[170] Vanuit militair oogpunt was het droppen van atoombommen op Hiroshima en Nagasaki zinloos, aangezien Japan in januari 1945 al probeerde te onderhandelen over de voorwaarden voor een overgave. De nucleaire holocaust diende twee sinistere doelen: (i) de Japanners straffen voor het opzetten van hun eigen staatsbank en (ii) een waarschuwing afgeven aan de Sovjet-Unie, die al over een staatsbank beschikte.

De Koude Oorlog werd aanvankelijk door het Westen gevoerd met als doel de Sovjet-Unie op de knieën te dwingen. Stalin, die meer nationalistisch[171] dan communistisch was, verzette zich en werd naar verluidt vergiftigd, waarna hij op[1]maart 1953 mocht sterven aan een beroerte waarvoor hij geen medische behandeling kreeg.[172] Vanaf dat moment ontaardde de Koude Oorlog in een farce, omdat het Westen, en met name

[169] E.S. Mason en R.E. Asher, *"The World Since Bretton Woods: The Origins, Policies, Operations and Impact of the International Bank for Reconstruction"*, Washington D.C., Brookings Institution, 1973, 29.

[170] Stalin was van plan Duitsland op 6 juli 1941 aan te vallen. Zie V. Suvorov, *The Chief Culprit Stalin's Grand Design to Start World War II*, Naval Institute Press, Annapolis, Maryland, 2008, 328 pp. Suvorov is van mening dat "de Sovjet-Unie de Tweede Wereldoorlog heeft verloren", 280.

[171] Zie K. Bolton, *Stalin, The Enduring Legacy*, Black House Publishing, Londen, 2012, 164 pp.

[172] S.S. Montefiore, *Stalin: The Court of the Red Tsar*, Weidenfeld & Nicolson, Londen, 2005, 651-665. Stalins beroerte zou veroorzaakt kunnen zijn door de inname van warfarine, een antistollingsmiddel, dat in de dagen voorafgaand aan zijn dood in zijn wijn was gedaan.

de Verenigde Staten, zwaar investeerden in de Sovjet-Unie. Er werden aanzienlijke investeringen gedaan in de Gorki-fabriek, waar Ford-vrachtwagens werden gebouwd, en in de grootste autofabriek ter wereld, in Volgograd, waar Fiat-auto's van de band rolden. Er werd ook flink geïnvesteerd in de luchtvaart, de IT en de elektriciteitssector. De Sovjet-Unie werd een topbestemming voor lucratieve investeringen.

De Russen sloten zich aan bij het leger, maar met 50% van hun budget besteed aan wapens was dit een oorlog die ze op de lange termijn niet konden winnen. Dit verklaart waarom de levensstandaard in de Sovjet-Unie nooit die van het Westen evenaarde, met uitzondering van de publieke dienstensector, zoals onderwijs en huisvesting.

In 1991 stortte de Sovjet-Unie in en arriveerde een team van adviseurs uit de Verenigde Staten om de wonderen van de kapitalistische vrijhandel te introduceren, waaronder inkomstenbelasting en woekerrente. Het voornaamste doel van deze adviseurs was om "de wet op de Centrale Bank van Rusland op het juiste moment in te voeren, wat meer schade toebracht aan het verlies van de Russische soevereiniteit dan een leger van indringers."[173]

Bijna 200 jaar lang hadden de tsaren en de Sovjets weerstand geboden, maar uiteindelijk viel Rusland volledig in handen van de Rothschilds.

De verantwoordelijkheid van de Rothschilds in de Boerenoorlog.

Gedurende de negentiende eeuw was het wereldwijde monetaire systeem gebaseerd op de goudstandaard, die door de Rothschilds was ontwikkeld en in stand gehouden. De ontdekking van uitgestrekte goudvelden in de Witwatersrand had een nieuwe bron van winning gecreëerd die gecontroleerd moest worden om dit oneerlijke financiële systeem in stand te houden. Helaas voor de Rothschilds bevonden deze nieuwe

[173] N. Starikov, op.cit., 182-183.

mijnen zich in de onafhankelijke *Zuid-Afrikaanse Republiek.*

Er stroomden onmiddellijk grote aantallen migranten en speculanten het land binnen. Sommigen van hen waren Britten, maar een groot deel bestond voornamelijk uit “Russische, Poolse en Duitse joden, met een zwervende neiging en zonder enige binding of wortels in een bepaald land.”[174] De eigenaren van de goudmijnen waren dan ook bijna altijd joden. De dominante onderneming in de sector was de Eckstein-groep, genoemd naar haar directeur Hermann Eckestein. Deze combinatie omvatte de Consolidated Goldfields en S. Neumann & Co. Professor John Atkinson Hobson schrijft in *The War in South Africa Its Causes and Effects* dat "de Rothschilds de meerderheid van de aandelen in Goetz & Co. bezaten" en dat "de Rothschilds achter de Exploration Company stonden, die in feite werd geleid door Wernher, Beit en Rothschild. "[175] Bovendien voegt hij eraan toe dat het monopolie op dynamiet en "de rijke en machtige handel in sterke drank, legaal en illegaal, volledig in handen was van de joden"; "het behoeft geen betoog dat de beurs volledig in handen is van de joden" en "dat de pers in Jo s-Brug voornamelijk hun privébolwerk is".[176]

Vanaf het begin van de jaren 1890 waren er meer buitenlandse arbeiders en speculanten dan Boeren. In 1896, na de mislukte inval van Jameson die de regering van de Transvaal probeerde omver te werpen, werd de Zuid-Afrikaanse Liga opgericht als dekmantel om de publieke opinie te mobiliseren ten gunste van het stemrecht voor *de uitlanders* of outlanders, de buitenlanders. Om hun status te beschermen, wilden de Boeren

[174] J.A. Hobson, *The War in South Africa Its Causes and Effects*, James Nisbet & Co., Limited, Londen, 1900, 70. Hobson vermeldt op pagina 12 dat in het Johannesburg Directory van 1899 24 Joneses, 53 Browns en 68 Cohens waren opgenomen.

[175] Ibid., 193. Zie ook R. Rudman, *England Under The Heel Of The Jew.* Dit pamflet van 21 pagina’s is een uittreksel uit een werk met dezelfde titel, geschreven in 1918 door Dr. John Henry Clarke, een arts, en uitgegeven door C.F. Roworth in Londen. Het geeft een welsprekend verslag van de samenzwering die door de joodse eigenaren werd gesmeed om de regering van Kruger omver te werpen.

[176] Ibid., 193.

hen pas na een verblijfsperiode van 14 jaar kiesrecht verlenen. Op 30 mei 1899, tijdens een conferentie in Bloemfontein, de hoofdstad van de Vrijstaat Oranje, bood president Paul Kruger aan om de verblijfsperiode terug te brengen tot zeven jaar. De Britse hoge commissaris, Sir Alfred Milner, legde zich hier niet bij neer en verklaarde dat het volgens hem "hervorming of oorlog" zou zijn.[177] Uiteindelijk "nam Kruger zijn hoofd in zijn grote handen, terwijl de tranen over zijn bebaarde wangen biggelden"[178], en riep vol angst: "Het is mijn land dat jullie willen!"[179]

In september 1899 trokken de Britten uit provocatie hun troepen samen ten zuiden van de grens van de Transvaal. Op 9 oktober 1899 werd een verzoek om "de regering van Zijne Majesteit te doen ophouden met het samenbrengen van troepen aan de grenzen van de Republiek en het sturen van oorlogsversterkingen uit het hele Britse Rijk"[180] genegeerd. Twee dagen later brak de oorlog uit.

Hoewel de Boeren slechts over een leger van amateurruiters beschikten, leverden ze aanvankelijk buitengewone prestaties. Uiteindelijk werden ze echter overweldigd door de wapens van de tegenstander en waren ze in de minderheid. Vanaf juni 1900 namen de Boeren hun toevlucht tot de guerrilla. Een minuscuul contingent van 6000 man slaagde erin bijna 450.000 soldaten van het grootste imperium ter wereld in bedwang te houden.

Op 31 mei 1902 werd in Vereeniging de wapenstilstand getekend. De oorlog was een absolute ramp voor de Boeren. Tijdens een ongekende tactiek van de verschroeide aarde werden de eigendommen van de Boeren met de grond gelijkgemaakt, de waterputten vergiftigd, hun veestapels afgeslacht (voornamelijk door de pezen door te snijden “om munitie te besparen”) en hun vrouwen verkracht. 25 steden

[177] P.J. Pretorius, *Volksverraad*, Libanon-Uitgevers, Mosselbaai, West-Kaap, 1996, 58.
[178] R. Kraus, *Old Master Thereof Jan Christian Smuts*, E.P. Dutton & Co. Inc., New York, 1944, 92.
[179] T. Pakenham, *The Boer War*, Jonathan Ball Publishers, Londen, 1979, 68.
[180] S.M. Goodson, *General Jan Christian Smuts The Debunking of a Myth*, Bienedell Uitgevers, Pretoria, 2013, 11.

werden verwoest. 136.000 vrouwen en kinderen werden ondergebracht in 46 concentratiekampen bestaande uit tenten, waar de temperatuur in de winter onder het vriespunt daalde. 34.000 van hen stierven door ondervoeding en erbarmelijke hygiënische omstandigheden. 75% van hen was jonger dan 16 jaar.

Ook de Britten leden zware verliezen, met 21.942 doden (35% in de strijd, 65% door ziekte) en 22.829 gewonden. De bankiers hadden de voldoening de oorlog te hebben gefinancierd voor een bedrag van 222 miljoen pond, waardoor de staatsschuld van Groot-Brittannië met 132 miljoen pond toenam. Voor de Rothschilds was de Anglo-Boerenoorlog een totale overwinning.

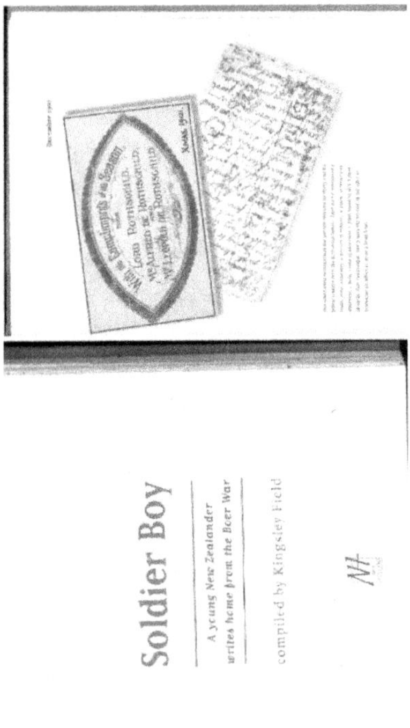

Een wenskaart verstuurd door de **Rothschilds**. In december 1901 stuurden de Rothschilds hun "troepen" in de strijd een kerstpakket met schrijfgerei, een portie tabak, een pijp, 12 pakjes sigaretten, een boek, een chocoladetaart, een pudding en een kaartspel.

DE COMMONWEALTH BANK OF AUSTRALIA

De Commonwealth Bank of Australia werd geïnspireerd door King O'Malley, een Amerikaan die het geheim van het fractioneel reservebankstelsel ontdekte toen hij in de jaren 1880 bij de bank van zijn oom in New York werkte. Toen de eerste gouverneur van de bank, Sir Dennison Miller, werd gevraagd waar hij het kapitaal voor zijn bank vandaan zou halen, antwoordde hij: "Welk kapitaal? Ik heb geen kapitaal nodig, mijn kapitaal is de rijkdom en het krediet van heel Australië."[181]

Met een voorschot van £10.000 van de regering, dat snel werd terugbetaald, werd de Commonwealth Bank of Australia op 15 juli 1912 opgericht. Hoewel de bank als een particuliere bank was opgericht, functioneerde ze als een staatsbank en beschikte ze over alle bevoegdheden om haar zaken te beheren zoals elke andere bank, inclusief die van een spaarbank. Bovendien mocht de bank kapitaal aantrekken door de verkoop van obligaties die door de kredietwaardigheid van de natie werden gegarandeerd. De winst werd gelijkelijk verdeeld over twee fondsen: een reservefonds om de door de bank aangegane verplichtingen na te komen en een aflossingsfonds om de door de bank uitgegeven obligaties of aandelen terug te betalen. Vervolgens werd 50% van de winst bestemd voor de aflossing van de staatsschuld.

[181] R. Gollam, op. cit., geeft een gedetailleerd overzicht van de gebeurtenissen die leidden tot de oprichting van de bank.

King O'Malley (1854-1953) was de inspirator achter de oprichting van de staatsbank van Australië, de Commonwealth Bank of Australia.

Twaalf jaar lang, ondanks de Eerste Wereldoorlog (1914-1918), beleefde Australië een van zijn meest welvarende periodes. Door de regering leningen te verstrekken tegen een nominale rentevoet van 2/3 procent per jaar, stelde de bank het land in staat te investeren in een omvangrijk infrastructuurprogramma. Een bedrag van 18,72 miljoen Australische dollar werd toegewezen aan de bouw van dammen en het irrigatiesysteem van de Murrumbidgee-rivier, de transcontinentale spoorweg, elektriciteitscentrales, gasfabrieken, havens, wegen en trams. Bovendien werden de fruitteelt, de tarwe- en wolopbrengsten van de boeren gefinancierd voor een bedrag van AU$ 3 miljoen tegen een nominale rentevoet. AU$ 4 miljoen werd vrijgemaakt voor de aankoop van 15 stoomschepen om de groeiende export van Australië te organiseren en AU$ 8 miljoen werd besteed aan huisvesting. De Eerste Wereldoorlog kostte Australië 700 miljoen Australische dollar, maar werd door de Bank gefinancierd in de vorm van een renteloze lening.

Aan deze periode van fenomenale welvaart kwam in 1924 een einde, toen een wet werd aangenomen door Stanley Melbourne Bruce, e premier (1924-1929) en Dr. Earle Page, zijn coalitiepartner.[182] Bruce werd vaak verdacht van het aannemen

[182] Bruce en Earle waren de leiders van de respectievelijke politieke partijen National en Country.

van steekpenningen, omdat wat hij deed volledig tegen de belangen van het Australische volk indruiste. Tijdens zijn ambtsperiode leende de Australische regering 230 miljoen pond van de City of London[183] en in 1927 bedroegen zowel de federale als de staatsschulden 1 miljard pond en vertoonde de begroting een tekort.[184]

Op 10 oktober 1924 werd de wet afgekondigd. Deze wet had tot gevolg dat de Bank onder controle kwam van een groep mannen, die haar later het recht ontnamen om de nationale munteenheid zonder schuld en zonder rente uit te geven. In 1927 verloor de Bank haar spaarbankfilialen, en hoewel ze bevoegd bleef om bankbiljetten uit te geven en zo een minimum aan seigniorage te genereren, werd ze vervolgens een centrale bank die uitsluitend ten dienste stond van particuliere banken. Het definitieve verraad van de Bank vond plaats op 20 maart 1947, toen het Huis van Afgevaardigden met 55 stemmen tegen 5 instemde met haar lidmaatschap van het Internationaal Monetair Fonds en zich daarmee onderwierp aan de decreten en dictaten van de door Rothschild gecontroleerde Bank voor Internationale Betalingen.

De Eerste Wereldoorlog

De Eerste Wereldoorlog brak uit op 28 juni 1914, toen Gavrilo Princip, vermoedelijk van joodse afkomst en lid van de terroristische groepering de Zwarte Hand, aartshertog Frans Ferdinand, troonopvolger van Oostenrijk, en zijn Tsjechische vrouw vermoordde in Sarajevo, in Bosnië-Herzegovina. Princip was een medewerker van Leon Trotski (wiens echte naam Lev Davidovitch Braunstein was),[185] een Russische jood

[183] S. McIntyre, *A Concise History of Australia*, Cambridge University Press, Melbourne, 2009, p. 168.

[184] I. M. Cumpston, *Lord Bruce of Melbourne*, Longman Cheshire, Melbourne, 1989, p. 74.

[185] Voor de veronderstelde afkomst van Princip, zie W. G. Simpson, *Which Way Western Man?*, Yeoman Press, New York, 1978, p. 682, waarin hij het werk van Léon de Poncins, *Les Forces Secrètes de la Révolution*, Éditions Saint-Rémi, citeert, dat op zijn beurt verwijst naar de archieven van het proces tegen de moordenaar. Zie ook La *Symphonie Rouge* van J. M. Landowsky, Hadès Éditions, een verhoor door de NKVD (de geheime

die samenzwoer met zijn joodse kameraad Vladimir Lenin (bij zijn adoptie omgedoopt tot Ulyanov, maar wiens echte naam Zederbaum was)[186] om de Russische monarchie omver te werpen. Hij werd op zijn beurt gefinancierd door de Amerikaanse jood Jacob Schiff,[187], die de stroman was van de Engelse jood Lord Walter Rothschild, de architect van deze verschrikkelijke ramp. Deze feiten werden in 1921 bevestigd voor de Senaat van de Verenigde Staten, toen werd verklaard dat "de volledige verantwoordelijkheid voor de Eerste Wereldoorlog op de schouders van de internationale joodse bankiers rustte. Zij zijn verantwoordelijk voor miljoenen doden. "[188] Eind oktober 1926, werd een andere bevestiging van deze onweerlegbare feiten onthuld in een gesprek tussen het Britse parlementslid Victor H. Cazalet en Henry Ford

politie van Stalin) van Christian G. Rakovsky (wiens echte naam Chaïm Rakover was), waarin hij bekent dat Trotski achter de moord op aartshertog Ferdinand zat en dat de Sovjet-vijftakige ster de vijf vestigingen van de gebroeders Rothschild vertegenwoordigt (Frankfurt, Londen, Napels, Parijs en Wenen.)

[186] De vader van Lenin was een Boerjat, een niet-etnische Rus. Zijn overgrootvader van moederskant was Moishe Itskovich Blank en zijn grootvader Srul Moisevich Blank. Deze laatste veranderde zijn voornaam in Alexander. Zev Ben-Shlomo, het leven en de nalatenschap van Lenin, Dimitri Volkogonov, *Jewish Chronicle*, Londen, 4 april 1995. De joodse moeder van Lenin was Maria Blank. Toen zijn ouders stierven, werden hij en zijn broer geadopteerd door een joods gezin. In 1929 stelde Lenins zus Anna Oulianova-Yelizarov aan Stalin voor om zijn afkomst bekend te maken om het wijdverbreide antisemitisme tegen te gaan en de 'Joodse revolutionaire geest' bij de massa te zaaien. Ondanks het feit dat Lenin naar verluidt door de massa's werd vereerd, vroeg Stalin hem om het geheim te houden, omdat deze onthulling het risico met zich meebracht dat iedereen zou gaan beseffen dat de bolsjewistische revolutie voor 100% joods was. Jesse Zel Lurie, Lenin was een geheime jood, *Bronward Jewish Journal*, 25 februari 1992. Volgens een rapport gepubliceerd in *The Times* op 10 mei 1920, gebaseerd op Sovjetbronnen, waren 458 van de 556 hoogste ambtenaren van het regime joden, wat neerkomt op 82,4%. De auteur bezocht een van de laatste Lenin-musea in Tampere, Finland, waar Lenin de Novemberrevolutie van 1905 in Rusland plande.

[187] Zie Anthony C. Sutton, *Wall Street en de bolsjewistische revolutie*, Le Retour aux Sources 2010.

[188] Archieven van het Amerikaanse Congres,[67e],[4e]zitting, Senaatsdocumenten nr. 346, 1921. In 1928 schreef de joodse schrijver Marcus Élie Ravage het volgende: "U bent nog niet volledig begonnen de ware diepte van onze schuld te beseffen. Wij zijn de indringers. Wij zijn de verdorvers. Wij hebben ons uw natuurlijke wereld, uw idealen, uw lot toegeëigend en deze verwoest. Wij stonden aan de basis, niet alleen van de laatste grote oorlog [de [Eerste]Wereldoorlog], maar van bijna al uw oorlogen, niet alleen van de Russische Revolutie, maar van alle grote revoluties in uw geschiedenis. Wij hebben onenigheid en verwarring gezaaid en frustratie in uw persoonlijke en openbare leven geplant. Wij doen dit nog steeds. Niemand kan zeggen hoe lang we hiermee zullen doorgaan." *The Century Magazine*, januari 1928, Vol. 115, Nr. 3, p. 346-350, geciteerd door B. Klassen in *The White Man's Bible, The Church of the Creator*, Otto, North Carolina, 1981, p. 287-289.

(1863-1947). Toen hem werd gevraagd wie de internationale joodse financiers waren, antwoordde hij: “Ik beschik over verschillende boeken die u zullen vertellen wie zij zijn. Zij waren verantwoordelijk voor de laatste oorlog, en in de toekomst zullen zij altijd in staat zijn een oorlog te ontketenen wanneer zij daar behoefte aan hebben.”[189]

Henry Ford, de pionier van de auto-industrie, identificeerde de internationale joodse

[189] A. N. Field, *The Truth About the Slump – What the News Never Tells*, Privé-uitgave, Nelson, Nieuw-Zeeland.

bankiers als de aanstichters van de Eerste Wereldoorlog en zette zijn analyses uiteen in The *International Jew*, gepubliceerd door de krant *Dearborn Independent*.

Handelsrivaliteit, het spel van allianties en verkeerd begrepen standpunten worden vaak voorgesteld als de belangrijkste oorzaken van de Eerste Wereldoorlog. De werkelijke redenen, in volgorde van belangrijkheid, waren echter de volgende:

1) Het Russische Rijk en zijn Staatsbank vernietigen

2) De andere rijken (Oostenrijks-Hongaars, Duits en Ottomaans) breken door ze op te splitsen in kleinere staten, die vervolgens gemakkelijker konden worden uitgebuit door de oprichting van centrale banken.

3) Palestina in bezit nemen en een zionistische marionettenstaat stichten onder de directe controle van de Rothschilds.[190]

Eind 1916 dreigden de Britse en Franse legers de oorlog te verliezen, aangezien de Fransen aan het westfront al in opstand waren gekomen. De Britten hadden hun suprematie op zee al verloren in de Slag bij Jutland, op 3 mei 1916, toen de Duitse marine, in een numerieke minderheid van één tegen twee, de onoverwinnelijke Royal Navy vernederde, waarbij 12 schepen tot zinken werden gebracht en er 6 verloren gingen, met een verlies van 2.551 matrozen tegenover 6.094 aan Britse zijde.[191] De twee keizers probeerden wanhopig een einde te maken aan dit zinloze broedermoordende bloedbad. Toen kwam er een aanbod van Lord Rothschild, die de steun van Amerika garandeerde in ruil voor de toewijzing van Palestina aan een groep zionistische joden na de ontmanteling van het Ottomaanse Rijk.[192]

Op 6 april 1917 verklaarden de Verenigde Staten de oorlog aan

[190] N. Ferguson, *The House of Rothschild, The World's Banker 1849-1999*, Vol. 2, Penguin Books, Londen, 1999, p. 449.

[191] Léon Degrelle, *Hitler geboren in Versailles*, deel 1 van *De eeuw van Hitler*.

[192] De beweging van de Jonge Turken, die de val van het Ottomaanse Rijk organiseerde, bestond voornamelijk uit *Donmeh-joden* (Turkse term voor bekeerlingen), die de joodse sekte van het sabbataïsme aanhingen, gesticht door Sabbataï Tsevi in het midden van de zeventiende eeuw. P. Papaherakles, De Jonge Turken en de moord op 117 miljoen blanken, *The Barnes Review*, Washington, D.C. Deel XVIII, nr. 2, maart/april 2012, p. 22-31.

Duitsland[193] en de andere Centrale Mogendheden, en op 2 november 1917 ontvingen Lord Rothschild en zijn zionistische medewerkers schriftelijk de toezegging van Groot-Brittannië om Palestina aan de joodse kolonisten toe te wijzen.[194] Dit beruchte document, bekend als de Balfour-verklaring, werd opgesteld door Lord Arthur James Balfour, de Britse minister van Buitenlandse Zaken, en generaal Jan Christian Smuts, een lid van het Imperial War Cabinet.

[193] In een toespraak in het Willard Hotel in Washington, D.C. in 1961 bevestigde Benjamin Freedman (Friedman), een voormalige jood die zich tot het rooms-katholicisme had bekeerd, hoe de Duitse joden Duitsland tijdens de Eerste Wereldoorlog verraadden door de Verenigde Staten in de val te lokken en hen te dwingen zich bij Engeland aan te sluiten in ruil voor de toekomstige belofte van Palestina.

[194] Meer dan 98% van de zionistische kolonisten in Palestina zijn Asjkenazim, die absoluut geen Semitische etnische band met het gebied hebben. Zij zijn de afstammelingen van het Khazaarse koninkrijk, dat ten zuiden van Rusland in het gebied van het huidige Georgië lag. De Khazaren werden in de achtste eeuw na Christus door hun vorst, koning Bulan, massaal tot het jodendom bekeerd. Een bevestiging hiervan is te vinden in een artikel over craniometrie van Dr. Maurice Fishberg in de *Jewish Encyclopaedia* IV, 1902, p. 331-335. Dit onderzoek, dat betrekking had op bijna 3000 joodse schedels uit verschillende landen over een periode van 20 jaar, bracht aan het licht dat deze tot de categorie van de brachycefale of breedhoofdige schedels behoorden met een index van 80; in tegenstelling tot de hoofden van Arabieren, die dolicefaal of langhoofdig zijn. Zie ook Arthur Koestler, *De dertiende stam: het Khazaarse rijk en zijn erfenis.* Random House, 1976, p. 255. En Shlomo Sand, *Hoe het Joodse volk werd uitgevonden*, Verso, 2009, p. 344 en *Hoe het land Israël werd uitgevonden: Van het Heilige Land tot het vaderland*, Verso, 2012, p. 304. Op 5 december 2012 werd een studie van Dr. Eran Elhaik, een genetisch onderzoeker aan de Johns Hopkins University School of Medicine, gepubliceerd door Oxford University Press namens de Society for Molecular and Evolutionary Biology, waarin werd bevestigd dat de "Khazar-these" wetenschappelijk correct is.

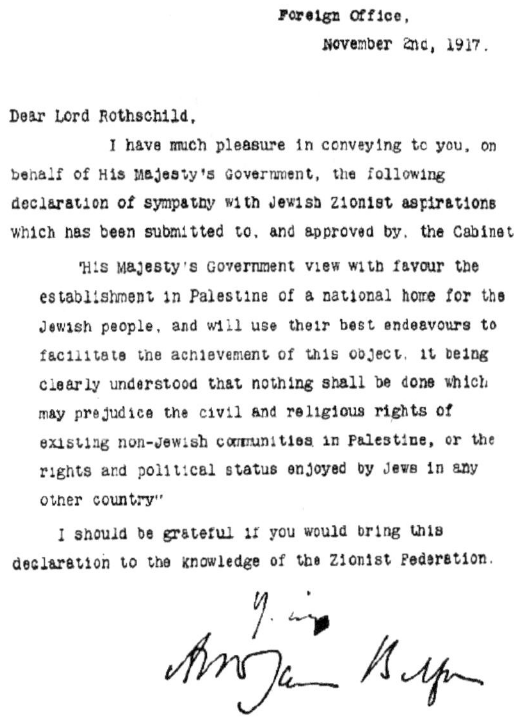

Foreign Office,
November 2nd, 1917.

Dear Lord Rothschild,

I have much pleasure in conveying to you, on behalf of His Majesty's Government, the following declaration of sympathy with Jewish Zionist aspirations which has been submitted to, and approved by, the Cabinet

"His Majesty's Government view with favour the establishment in Palestine of a national home for the Jewish people, and will use their best endeavours to facilitate the achievement of this object, it being clearly understood that nothing shall be done which may prejudice the civil and religious rights of existing non-Jewish communities in Palestine, or the rights and political status enjoyed by Jews in any other country"

I should be grateful if you would bring this declaration to the knowledge of the Zionist Federation.

De brief van Lord **Arthur Balfour** aan Lord **Walter Rothschild**, de leider van de Zionistische Federatie, waarin de Britse steun voor de oprichting van een zionistische staat in Palestina werd bevestigd.

Het bloedbad dat door deze zinloze oorlog werd veroorzaakt, duurde nog twee jaar voort. Rusland werd volledig verwoest en er ontstond een onoplosbaar probleem in het Midden-Oosten. Zoals rabbijn Reichorn in 1859 profetisch opmerkte: “Oorlogen zijn de oogst van de Joden, want dankzij hen roeien we de christenen uit en nemen we de controle over hun goud over. We hebben er al 100 miljoen gedood. We zullen de christenen in andere oorlogen meeslepen door misbruik te maken van hun nationale trots en hun domheid. Ze zullen elkaar dan afslachten, waardoor er meer ruimte ontstaat voor ons volk. "[195] In dezelfde geest had Gutle Schnapper, de vrouw van Mayer Amschel Rothschild, kort voor haar dood in 1849 verklaard: "Als mijn zonen geen oorlog hadden gewild, zou er geen zijn geweest."[196]

Op 11 november 1918 werd een wapenstilstand getekend en zeven maanden later, op 28 juni 1919, werd het zeer oneerlijke Verdrag van Versailles ondertekend. Duitsland moest de exclusieve schuld op zich nemen en exorbitante herstelbetalingen van 6,6 miljard pond betalen[197], het equivalent van de totale rijkdom van het land, hoewel de andere oorlogvoerende partijen, Engeland, Frankrijk en Rusland, evenveel – zo niet meer – schuld droegen. Deze schadevergoeding zou worden gebruikt om de internationale bankiers terug te betalen voor de frauduleuze leningen en de fictieve rente die aan de regeringen van Groot-Brittannië en Frankrijk waren verstrekt. Zoals generaal Smuts op de conferentie verklaarde: "Wat we hier hebben gedaan, is veel erger dan het Congres van Wenen. De staatslieden van 1815 wisten tenminste wat er gaande was. Onze politici hebben er geen idee van."[198]

---

[195] *Le Contemporain*, 1 juli 1880.
[196] N. Ferguson, op. cit., p. 20.
[197] Volgens de inflatiecalculator van de Bank of England was 6,6 miljard pond in 2012 gelijk aan 289 miljard pond.
www.bankofengland.co.uk/education/Pages/inflation/calculator/flash/default.aspx
[198] Léon Degrelle, op. cit., p. 335.

HOOFDSTUK V

DE GROTE DEPRESSIE

"Het kapitaal moet zich op alle mogelijke manieren beschermen, zowel door middel van intriges als door middel van wetgeving. Schulden moeten worden afgelost, hypotheken moeten zo snel mogelijk worden afgeschreven. Wanneer gewone mensen via de juridische weg hun huizen verliezen, worden ze volgzamer en gemakkelijker te besturen door de wereldlijke arm van de regering, aangestuurd door een centrale macht die wordt uitgeoefend door de rijken onder leiding van de financiers. Deze waarheden zijn welbekend bij onze agenten, die zich nu inzetten om een imperialisme te vormen om de wereld te besturen. Door de kiezers te verdelen via het systeem van politieke partijen, dwingen we hen hun energie te verspillen en te strijden over onbelangrijke kwesties. Zo zullen we, door onopvallend te handelen, voor onszelf veiligstellen wat al zo goed is gepland en met zoveel succes is volbracht."

- Montagu Norman, gouverneur van de Bank of England, in een toespraak voor de Vereniging van Bankiers van de Verenigde Staten, in New York, in 1924.

Aan het begin van de twintigste eeuw waren er nog maar 18 centrale banken: de Zweedse Riksbank (1668), de Bank of England (1694), de Banco de España (1782), de Banque de France (1800), de Bank of Finland (1812), de Bank van Nederland[199] (1814), De Bank van Noorwegen (1816), de Bank van Oostenrijk (1816), De Bank van Denemarken (1818), de Bank van Portugal (1846), de Bank van België (1850), de Bank van Indonesië (voorheen Bank van Java) (1865), de Duitse Reichsbank (1876), de Nationale Bank van Bulgarije (1879), De Nationale Bank van Roemenië (1880), de Bank van Japan (1882), de Nationale Bank van Servië (1884) en de Bank van Italië (1893).

In 1922 vond van 10 april tot 19 mei een conferentie plaats in

[199] *De Nederlandsche Bank* werd voorafgegaan door *de Amterdamsche Wisselbank*, die in 1609 werd opgericht door Dirck van Os, en kan dus worden beschouwd als de eerste centrale bank ter wereld.

Genua, die werd bijgewoond door alle staatshoofden, de gouverneurs v, de Bank of England, de Banque de France en de Federal Reserve Bank of New York, evenals een groot aantal internationale bankiers. Tijdens deze conferentie werd besloten om centrale banken op te richten in alle landen die daar nog niet over beschikten. De gouverneur van de Bank of England, Montagu Norman,[200] benadrukte dat centrale banken onafhankelijk moesten zijn van hun regering.[201] A. N. Field beschrijft deze belangrijke gebeurtenis in zijn boek *All These Things*:

> "Ondanks de gewaagdheid van deze methoden waren ze een volkomen succes. De in dienst genomen economen ontdekten vol verrukking dat de reservebanken prachtige wetenschappelijke instrumenten waren, de kranten sloten zich aan bij het applaus, en de politici van de verschillende staten gedroegen zich als gedisciplineerde herders die de schapen naar het slachthuis leidden. Het feit dat financiers geenszins ambtenaren zijn, maar louter agenten die worden betaald door aandeelhouders van een bankmaatschappij en wier belangen geen enkele relatie hebben met het nationaal belang."[202]

De Bank voor Internationale Betalingen

Het aantal nieuwe centrale banken nam toe, met name "na de oprichting van de Bank voor Internationale Betalingen in Bazel in 1930, [toen] de centrale reservebanken (min of meer onafhankelijk van de regeringen van de landen waarin ze gevestigd waren) als paddenstoelen uit de grond schoten over de hele wereld, temidden van de unanieme goedkeuring van de

[200] Montagu Norman, een vrijmetselaar, was zeer geheimzinnig en handelde vaak in het geheim. Wanneer hij naar het buitenland reisde, gebruikte hij het pseudoniem Professor Skinner. Dit was de naam van zijn secretaris, Ernest Skinner. Gedurende zijn hele ambtsperiode bezocht hij nooit een land dat geen centrale bank had en ging hij nooit een gesprek aan met een gouverneur van een centrale bank in aanwezigheid van een buitenlandse minister van Financiën. R. S. Sayers, *The Bank of England 1891-1944*, Cambridge University Press, Cambridge, 1976, p. 159-160.

[201] A. N. Field, *All These Things*, Omni Publications, Hawthorne, Californië, 1936, p. 7.

[202] D. J. Amos, *The Story of the Commonwealth Bank*, Veritas Publishing Company Pty Ltd, Bullsbrook, Australië, 1986, p. 27.

regeringen en hun volk, die beiden misleid werden door deze banken die van plan waren hen te onderwerpen.[203]

Het oorspronkelijke doel van de BIB was het vergemakkelijken van de betaling van de oorlogsherstelbetalingen door Duitsland volgens de voorwaarden van het Verdrag van Versailles, maar toen de gevolgen van de – kunstmatig veroorzaakte – Grote Depressie voelbaar begonnen te worden en de Nationaal-Socialisten in januari 1933 de macht hadden gegrepen, werden alle betalingen opgeschort en moest de BIB een nieuwe koers vinden, namelijk het bevorderen van monetaire samenwerking. In werkelijkheid stuurt en leidt de BIB het mondiale financiële systeem via de centrale banken van elk land, waarvan er 60 rechtstreeks bij haar zijn aangesloten.

Het hoofdkantoor van de bank bevindt zich in Bazel, Zwitserland, en is momenteel gevestigd in een gebouw van 18 verdiepingen, dat lijkt op de koeltoren van een elektriciteitscentrale. Het is de centrale bank der centrale banken; haar leidinggevenden zijn niet gekozen en hoeven aan niemand verantwoording af te leggen, haar statuten garanderen haar immuniteit ten opzichte van nationale en fiscale wetten en zij beschikt over haar eigen particuliere politiemacht. Bovendien zijn, krachtens een overeenkomst met de Zwitserse Bondsraad, de archieven van de bank, evenals al haar documenten en elektronische gegevens, te allen tijde en overal onschendbaar. Deze overeenkomst gaat terug op artikel X, lid 2, van het Protocol van Den Haag, dat op 31 augustus 1929 werd ondertekend en waarin staat: "De Bank, haar goederen en bezittingen, evenals de deposito's of andere gelden die haar zijn toevertrouwd, op het grondgebied van of onder het bestuur van... blijven vrijgesteld van elke inbreuk en elke beperkende maatregel, zoals censuur, vorderingen, inbeslagname of confiscatie, in vredes- of oorlogstijd, alsmede vrij van elke vergeldingsmaatregel, verbod of beperking op de uitvoer van goud of deviezen en andere soortgelijke inmengingen, beperkingen of verboden. » De tweemaandelijkse

[203] Ibid., p. 8.

vergaderingen, waar de wereldeconomie wordt besproken, worden in het diepste geheim gehouden. Er is geen geschreven agenda, tenzij een van de statuten van de bank herziening behoeft, en er worden geen notulen bijgehouden. De belangrijkste taken van de bank zijn officieel:

(i) Het faciliteren van samenwerking tussen centrale banken door middel van overeenkomsten.

(ii) Het bevorderen van financiële stabiliteit

(iii) Zoeken naar beleidsoplossingen

(iv) Optreden als tegenpartij bij financiële transacties van centrale banken.

(v) Optreden als agent of beheerder in verband met internationale financiële transacties.

De ware aard van de BIB werd echter onthuld in het boek *Tragedy and Hope*, geschreven door een insider, professor Carroll Quigley van de Universiteit van Georgetown, die uitlegde:

> „Naast al deze pragmatische doelstellingen streefden de machthebbers van het financieel kapitalisme een doel van grote omvang na, namelijk niets minder dan het creëren van een wereldwijd systeem van financiële controle in particuliere handen, dat in staat zou zijn het politieke systeem van elk land en de wereldeconomie in haar geheel te domineren. Dit systeem moest op feodale wijze worden gecontroleerd door de centrale banken van de hele wereld, die in onderling overleg handelden via geheime afspraken die tijdens frequente bijeenkomsten en conferenties werden gemaakt. De top van het systeem zou de Bank voor Internationale Betalingen in Bazel, Zwitserland, zijn, een particuliere bank die eigendom is van en gecontroleerd wordt door de centrale banken van de wereld, die zelf particuliere instellingen zijn. Elke centrale bank, in handen van mannen als Montagu Norman van de Bank of England, Benjamin Strong van de Federal Reserve Bank of New York, Charles Rist van

de Banque de France en Hjalmar Schacht van de Reichsbank, ernaar om haar regering te domineren door haar vermogen om staatsleningen te controleren, de buitenlandse handel te manipuleren, het niveau v e economische activiteit in het land te beïnvloeden en meewerkende politici te belonen met invloedrijke posities in het bedrijfsleven."[204]

Illusie en realiteit – een rij werklozen in Chicago in 1937.

Zoals professor Quigley in 1966 had voorspeld, is het uiteindelijke doel van de BIB één wereldmunt, één wereldwijd economisch systeem en een wereldregering, waarbij nationale wetten niet langer van toepassing zijn en niet langer gerechtvaardigd zijn. De controle over de Bank ligt in handen van het Huis Rothschild via zijn investeringen in diverse centrale banken en andere particuliere banken.

Na de Tweede Wereldoorlog en de ontbinding van de Europese koloniale rijken, omdat deze economisch niet langer levensvatbaar waren en betere vooruitzichten boden voor exploitatie via internationale leningen,[205] ontstond er een

[204] Carroll Quigley, *Tragedy and Hope, A History of the World in Our Time*, The Macmillan Company, New York, 1966, p. 324.

[205] Voor een beschrijving van de manier waarop de Wereldbank en het IMF, in het bijzonder via het structurele aanpassingsprogramma van laatstgenoemde, ontwikkelingslanden hebben uitgebuit met buitenlandse leningen, zie P. T. Bauer,

wildgroei aan centrale banken, waarvan het aantal momenteel 155 bedraagt. Acht van deze banken staan volledig onder particuliere controle: de Nationale Bank van België, de Bank van Griekenland, de Bank van Italië, de Bank van Japan, de Reservebank van Zuid-Afrika, de Zwitserse Nationale Bank, de Centrale Bank van de Republiek Turkije en de Federal Reserve van de Verenigde Staten. De gecoördineerde oprichting van al deze centrale banken bewijst zonder enige twijfel dat ze allemaal deel uitmaken van een "internationaal bankconglomeraat".[206]

DE FEDERAL RESERVE VAN DE VERENIGDE STATEN

Tussen 1820 en 1910 behield de dollar zijn koopkracht, ondanks een tijdelijke prijsstijging tijdens de Amerikaanse Burgeroorlog (1861-1866), wat betekent dat een dollar 90 jaar later nog steeds een dollar waard was. Het duurde echter slechts zes jaar voordat de Federal Reserve de waarde van de dollar tenietdeed. Tussen 1914 en 1920 stegen de prijzen met 125%, waardoor de waarde met 56,1% daalde.

Voordat we onze aandacht richten op de Grote Depressie, moet een kort overzicht van de oorzaken van de eerste grote deflatie worden gegeven. Om de prijzen onder controle te houden, vond op 18 mei 1920 in Washington D.C. een geheime bankbijeenkomst plaats onder de misleidende titel Methodisch Comité voor Deflatie van de American Bankers Association.[207] Op bevel van de Federal Reserve steeg de discontovoet zonder voorafgaande kennisgeving of waarschuwing snel van 2% naar 9% en hoger. Tegelijkertijd begon de Federal Reserve agressief schatkistcertificaten te verkopen, waardoor hun waarde met 20% daalde. De daling van de prijzen van schatkistcertificaten verminderde de waarde van de reserves van de banken, die gedwongen werden de

Equality, the Third World, and Economic Delusion, Harvard University Press, Cambridge, Massachusetts, 1981, p. 304, en J. Perkins, *De bekentenissen van een financiële moordenaar*, Alterre, 2005.

[206] A. N. Field, op. cit., p. 5.

[207] G. M. Coogan, *Money Creators, Who Creates Money? Who Should Create it?* Omni Publications, Hawthorne, Californië, 1963, (voor het eerst gepubliceerd in 1935), p. 62.

terugbetaling van leningen te eisen. Dit veroorzaakte een "verschrikkelijke uitverkoop van alle landbouwproducten"[208] en de "landbouwprijzen kelderden, bereikten hun laagste niveau en brachten de boeren tot de ruïne."[209]

Tegelijkertijd verhoogden de vrachtbedrijven, die de grootste monopolies bezaten, zoals de Harrimans, hun vrachtprijzen zodanig dat in sommige staten de transportkosten hoger waren dan de productiekosten. De productie-index van de boerderijen stortte met meer dan de helft in, van 244 naar 117, een jaar later in mei 1920. Veel boeren gingen failliet omdat hun overheadkosten ongewijzigd bleven, maar hun financiële lasten de pan uit rezen.

De onbeperkte bevoegdheden van de Federal Reserve stelden haar in staat de geldhoeveelheid en het krediet van de Verenigde Staten met 2 miljard dollar te verminderen, wat resulteerde in "een halvering van de prijzen en het zaaien van ellende en verwarring".[210] Dit beleid werd opzettelijk toegepast[211] om de landbouwsector te verarmen[212] door geld uit het platteland naar de stedelijke centra over te hevelen, en tegelijkertijd de voedselzelfvoorziening van Amerika te verminderen, waardoor het kwetsbaar werd voor de intriges en grillen van oplichters en financiële speculanten.[213]

In juli 1921 keerde de Federal Reserve dit beleid om door massaal staatsobligaties op te kopen. De schade die de landbouwbanken hadden geleden, kon echter niet worden hersteld, en de landbouwproducten bleven onderhevig aan een kunstmatige depressie, waarbij sommige zelfs tegen prijzen werden verkocht die lager waren dan hun productiekosten.

[208] Ibid., p. 62.
[209] Ibid., p. 62.
[210] A. N. Field, *The Truth About The Slump*, in eigen beheer uitgegeven, Nelson, Nieuw-Zeeland.
[211] Ibid., p. 200.
[212] De opzettelijke ineenstorting van de Amerikaanse landbouwsector kan worden vergeleken met de vernietiging van de landbouwproductie in de jaren '30 in Oekraïne (Russisch woord voor grens) door Stalin en de daaropvolgende Holodomor (Russische term voor uitroeiing door hongersnood), waarbij zes miljoen koelakken (Russisch woord voor vuist) werden geëxecuteerd of omkwamen van de honger.
[213] A. N. Field, op. cit., p. 204.

In augustus 1927 besloten de samenzweerders die de Federal Reserve bezaten en leidden dat het tijd was om een nieuwe "zeepbel" te creëren. Ondanks de protesten van 11 van de 12 federale banken, die de gevaren hiervan inzagen, kregen zij de opdracht hun rediscontovoeten te verlagen en een programma van massale opkoop van schatkistcertificaten te starten (het moderne equivalent van de huidige kwantitatieve versoepeling), om de geldhoeveelheid te vergroten.[214]

[215]Zeer weinig van dit *uit het niets* gecreëerde geld werd bestemd voor productieve investeringen, maar werd in de aandelenmarkten gepompt, waar de koers-winstverhouding al snel op 20 en in sommige gevallen zelfs op 50 uitkwam. De media en de omgekochte 'economen' kondigden de komst aan van een 'nieuw tijdperk' van permanente welvaart en wakkerden opzettelijk de speculatie aan, terwijl 16 miljoen Amerikanen op een volwassen bevolking van 73 miljoen aandelen kochten en verkochten.

Op 9 maart 1929 adviseerde vrijmetselaar Paul Warburg, de oprichter van de Federal Reserve Bank, alle aangesloten banken en de minister van Financiën, zijn mede-vrijmetselaar Andrew Mellon, om uit de aandelenmarkt te stappen of short te gaan. Hij liet hen weten dat als ze onmiddellijk zouden handelen, ze enorme winsten zouden behalen, omdat de Dow Jones-index op het punt stond in te storten.

Op 24 oktober 1929 besloot de Federal Reserve een einde te maken aan deze speculatiegolf en hun grootschalige zwendel te starten. De rediscontovoet steeg plotseling naar 6%. Van overal werden duizenden orders naar de New York Stock Exchange gestuurd om tegen de 'marktprijs' te verkopen, een typische tactiek die speculanten gebruiken om de koersen snel te laten instorten. Het vertrouwen verdween plotseling en de eerste geplande Grote Depressie brak uit. Het beslissende moment werd zes dagen later bereikt, op 30 oktober 1929, toen de Federal Reserve opdracht gaf om de aan makelaars

[214] G. M. Coogan, op. cit., p. 67.

[215] De ratio wordt berekend door de aandelenkoers te delen door het rendement per aandeel.

verstrekte leningen met een bedrag van 2,3 miljoen dollar in te trekken. De aandelenmarkt stortte in en in december 1932 was de waarde van de beursgenoteerde effecten met 83,1% gedaald, van 89 miljard dollar naar 15 miljard dollar.

De economische en sociale gevolgen van deze ineenstorting waren verwoestend. Van de 24.000 banken gingen er 10.000 failliet, waardoor hun spaarders geruïneerd achterbleven. 200.000 bedrijven vroegen faillissement aan en 8,3 miljoen mensen raakten werkloos. In de drie jaar die volgden, was 24,9%[216] van de beroepsbevolking werkloos. Het nationaal inkomen van de Verenigde Staten daalde met 40,7%, van 81 miljard dollar in 1927 tot 48 miljard dollar in 1932. Tijdens de jaren van de depressie stierven naar schatting drie miljoen mensen van de honger. De belangrijkste oorzaken waren ondervoeding, infectieziekten en zelfmoord.

Verwijzend naar de beurscrash in New York die de depressie had veroorzaakt, verklaarde congreslid Louis T. McFadden treffend: “Dit is een zorgvuldig geënsceneerde gebeurtenis... De internationale bankiers[217] wilden wanhopige omstandigheden creëren om beter naar voren te kunnen treden als de opperste leiders van ons allemaal.”[218]

A. N. Field hekelde de nutteloosheid van centrale banken en de verdraaide doelen waarvoor ze voortdurend werden gebruikt:

> "Centrale banken als middel om financiële crises te voorkomen hebben in de Verenigde Staten hun totale falen bewezen. Dit feit heeft op geen enkele wijze een negatieve invloed gehad op de oprichting van centrale banken in alle landen. Er is beweerd dat de financiers aan het roer van de Amerikaanse Federal Reserve geen stabiele omstandigheden willen, en dat de ongekende zeepbellen en recessies die elkaar sinds de oprichting

[216] De Volkenbond, World Economic Survey: Eighth Year, 1938/1939 (Genève, 1939) p. 128.

[217] In de jaren twintig en dertig was de term 'internationale bankiers' een gangbare uitdrukking om joodse bankiers aan te duiden. Een ander eufemisme dat werd gebruikt, was 'kosmopolitische financiers'.

[218] A. N. Field, op. cit., p. 202.

hebben opgevolgd, opzettelijk zijn veroorzaakt. Het staat in ieder geval vast dat degenen die het systeem beheersen, de sterkste bezwaren hebben geuit tegen iedereen die heeft geprobeerd ervoor te zorgen dat het Congres wetten zou aannemen om de Federal Reserve te dwingen haar immense macht te gebruiken om de koopkracht van haar e munteenheid op een stabiel niveau te houden."[219]

In een krantenartikel in *de Financial Times,* geschreven in 1930, merkte professor Karl Gustav Cassel[220] van de Universiteit van Stockholm op: "Absolute macht over het welzijn van de wereld is praktisch in handen gelegd van de Raad van Bestuur van de Federal Reserve. En men kan alleen maar ontzet zijn bij het zien van de schijnbaar willekeurige wijze waarop deze bestuurders deze macht gebruiken, en hoezeer dit in strijd is met de eisen die het monetaire beleid van Amerika zouden moeten leiden."[221]

Laten we even stilstaan bij de krachtige toespraak die op vrijdag 10 juni 1932 in het Huis van Afgevaardigden werd gehouden door de voormalige voorzitter van de Commissie voor Bank- en Monetaire Zaken (1920-1931), de geachte Louis T. McFadden:[222]

> "Mijnheer de voorzitter, we hebben in dit land een van de meest corrupte instellingen die de wereld ooit heeft gekend. Ik doel op de Raad van Bestuur van de Federal Reserve en de Federal Reserve Banks.
>
> Deze raad van bestuur, een orgaan van de regering, heeft de regering van de Verenigde Staten en het Amerikaanse volk bedrogen voor een bedrag dat voldoende is om de staatsschuld af te lossen. De verwoestingen en

---

[219] A. N. Field, *All These Things,* Omni Publications, Hawthorne, Californië, 1936, p. 121-122.

[220] Professor Cassel was een van de oprichters van de *Handelshögskolen i Stockholm* (de Economische Hogeschool van Stockholm). De school was fel gekant tegen de goudstandaard die door de Oostenrijkse School werd verdedigd.

[221] A. N. Field, *The Truth About The Slump,* p. 118.

[222] *'Collective Speeches of Congressman Louis T. McFadden',* Omnia Publications, Hawthorne, Californië, 1970, Hoofdstuk XVI, Het verraderlijke en ontrouwe gedrag van de Federal Reserve en de Federal Reserve Banks, p. 298-329.

onrechtvaardigheden van de Raad van Bestuur van de Federal Reserve en de Federal Reserve Banks, die in onderling overleg handelen, hebben dit land genoeg geld gekost om de staatsschuld meerdere malen af te lossen. Deze kwaadaardige instelling heeft het Amerikaanse volk verarmd en geruïneerd; heeft zichzelf failliet gemaakt en heeft onze regering praktisch failliet gemaakt. Zij heeft dit bereikt door gebruik te maken van de mazen in de wet waaronder zij opereert, door de verkeerde toepassing van deze wet door de Raad van Bestuur, en door de corrupte praktijken van de rijke aasgieren die er de touwtjes in handen hebben.

Sommigen denken dat de Federal Reserve Banks instellingen van de Amerikaanse regering zijn. Dat is niet het geval. Het zijn particuliere kredietmonopolies die het Amerikaanse volk uitbuiten voor hun eigen gewin en dat van hun buitenlandse klanten: speculanten en oplichters, evenals rijke, roofzuchtige geldschieters. Deze duistere bende financiële piraten bestaat uit mensen die een man de keel zouden doorsnijden om zijn zakken te rollen; zij zijn het die de staten met geld overspoelen om stemmen te kopen en onze wetgeving te controleren; en zij zijn het die een internationale propaganda in stand houden om ons te misleiden en ons te dwingen hen nog meer concessies te doen, waardoor zij hun vroegere wandaden kunnen verdoezelen en hun gigantische criminele organisatie in stand kunnen houden.

Deze 12 kredietmonopolies werden op oneerlijke en misleidende wijze aan dit land opgelegd door bankiers uit Europa die ons voor onze gastvrijheid bedankten door onze Amerikaanse instellingen te saboteren. Deze bankiers hebben het geld van dit land gebruikt om Japan te financieren in zijn oorlog tegen Rusland. Ze hebben met ons geld een schrikbewind in Rusland gecreëerd om deze oorlog te verlengen; zij waren de architecten van de afzonderlijke vrede tussen Duitsland en Rusland, wat tijdens de Wereldoorlog onenigheid zaaide onder de geallieerden. Ze hebben de massabijeenkomsten van

Trotski in New York gefinancierd om ontevredenheid en rebellie te zaaien. Ze hebben de reis van Trotski van New York naar Rusland betaald, zodat hij kon meewerken aan de vernietiging van het Russische Rijk. Zij hebben de Russische Revolutie aangewakkerd en uitgelokt en zij hebben aanzienlijke bedragen ter beschikking gesteld aan Trotski in een van de bankfilialen van hun Zweedse bank, zodat via hem de Russische gezinnen volledig zouden worden vernietigd en de Russische kinderen zouden worden gescheiden van hun natuurlijke beschermers. Sindsdien zijn zij begonnen met hun onderneming om Amerikaanse gezinnen te vernietigen en Amerikaanse kinderen te verspreiden.

Er werd verklaard dat president Wilson was misleid door de aandacht die deze bankiers hem schonken en door de filantropische standpunten die zij innamen. Er werd gezegd dat toen hij ontdekte hoe hij door kolonel House was misleid, hij zich van deze bemoeial, deze 'heilige monnik' van het financiële imperium, afkeerde en hem de deur wees. Hij had de moed om dat te doen, en naar mijn mening toonde hij daarmee grote verdienste.

President Wilson stierf als een misbruikt slachtoffer. Toen hij het presidentschap bereikte, beschikte hij over bepaalde kwaliteiten van geest en hart die hem in staat stelden hoge functies binnen deze natie te bekleden; maar hij streefde er nooit naar om bankier te worden. Hij heeft altijd gezegd dat hij weinig wist van het banksysteem. Zo werd op advies van anderen de wet op de Federal Reserve, het doodvonnis van de Amerikaanse vrijheid, onder zijn regering aangenomen.

Mijnheer de president, er mag geen partijdigheid zijn als het gaat om de bank- en monetaire zaken van dit land, en ik spreek zonder enige partijdigheid.

In 1912 presenteerde de Nationale Monetaire Vereniging, onder voorzitterschap van wijlen senator Nelson W. Aldrich, een rapport ter voorbereiding op de wet die bekend staat als de Nationale Reservewet. Deze wet is beter bekend onder de naam Aldrich-wet. Senator Aldrich heeft de Aldrich-wet niet opgesteld. Hij was het instrument, niet de medeplichtige, van de Europese [joodse] bankiers die al bijna twintig jaar van plan waren een centrale bank in dit land op te richten en die in 1912 grote sommen geld hadden uitgegeven en bleven uitgeven om hun doel te bereiken.

De Aldrich-wet werd afgeschaft na de benoeming van Theodore Roosevelt in 1912, en in datzelfde jaar, toen Woodrow Wilson werd benoemd, verklaarde de Democratische Partij, zoals vastgelegd door het Biltmore-congres, uitdrukkelijk: „Wij zijn tegen het Aldrich-plan voor een centrale bank. " Dit alles maakt deel uit van een duidelijke en ondubbelzinnige verklaring. De leiders van de Democratische Partij beloofden het volk toen dat, mochten zij in hun ambt worden gekozen, er geen centrale bank zou worden opgericht zolang zij de teugels van de regering in handen hadden. Dertien maanden later werd deze belofte gebroken, en de regering-Wilson, onder toezicht van die sinistere figuren van Wall Street die achter kolonel House stonden, richtte in ons vrije land de corrupte monarchale instelling van de 'koningsbank' op om ons te controleren en te onderwerpen van de wieg tot het graf. De Federal Reserve Act heeft onze voorouderlijke manier van zakendoen vernietigd; zij discrimineert onze op een naam gebaseerde handelspapieren,[223] het meest geavanceerde model ter wereld; zij heeft de oude dubbele munteenheid opnieuw ingevoerd,[224] die de huidige vloek van dit land vertegenwoordigt en die alle landen heeft verwoest die haar in praktijk hebben gebracht; zij heeft dit land dezelfde tirannie opgelegd waartegen de grondleggers van de Grondwet ons wilden beschermen.

Een van de grootste strijd om het behoud van deze Republiek vond hier plaats in de tijd van Jackson, toen de

[223] Een handelscontract of een promesse met slechts één handtekening.
[224] Een handelscontract ondertekend door twee personen die hun volledige aansprakelijkheid bevestigen.

Tweede Bank van de Verenigde Staten, die was opgericht op dezelfde valse principes als die welke in de Federal Reserve Act tot uiting komen, onschadelijk werd gemaakt. Na de val van de Tweede Bank van de Verenigde Staten in 1837 werd het land gewaarschuwd voor de gevaren die inherent zijn aan het toestaan dat belangen met roofzuchtige bedoelingen, nadat ze waren verworpen, in vermomming terugkeren, zich verbinden met de uitvoerende macht en via haar de controle over de regering verwerven. Toch is dit precies w e die dezezelfde belangen hebben uitgevoerd, toen ze terugkeerden gehuld in schijnheilige bedoelingen en er onder valse voorwendselen in slaagden de stemming over de Federal Reserve Act erdoor te krijgen.

Het gevaar waarvoor het land werd gewaarschuwd, is nu een feit en toont ons de lange reeks gruwelen die gepaard gaat met de verraderlijke en oneerlijke praktijken van de Raad van Bestuur van de Federal Reserve en de bij haar aangesloten banken. Kijk om u heen wanneer u deze zaal verlaat en u zult overal het bewijs ervan zien. Dit tijdperk van economische ellende is volledig toe te schrijven aan de Federal Reserve. Het is een tijdperk van financiële misdaden, en bij de financiering van deze misdaden speelt de Federal Reserve niet de rol van een onpartijdige toeschouwer.

Het Amerikaanse volk wordt ernstig misleid. Als dat niet zo is, dan weet ik niet wat het betekent om 'mensen te misleiden'. Ze zijn hun baan kwijtgeraakt. Ze zijn hun huizen kwijtgeraakt. Ze zijn uit hun huurwoningen gezet. Ze zijn hun kinderen kwijtgeraakt. Ze zijn aan de dood overgeleverd door gebrek aan onderdak, voedsel, kleding en medicijnen.

De rijkdom van de Verenigde Staten en haar productiviteit zijn in beslag genomen en dit alles ligt nu in de kluizen van bepaalde banken en grote bedrijven of is naar het buitenland geëxporteerd ten voordele van die buitenlandse klanten, die banken en die bedrijven. Wat het Amerikaanse volk betreft, is de maat vol. Het is waar dat de pakhuizen en kolenopslagplaatsen, evenals de graansilo's vol zijn, maar de pakhuizen en silo's zijn vergrendeld en de grote banken en bedrijven hebben de sleutels in handen.

De plundering van de Verenigde Staten door de Federal Reserve en haar handlangers is de grootste misdaad in de geschiedenis.

Mijnheer de voorzitter, het Huis van Afgevaardigden staat vandaag voor een ernstige situatie. Wij zijn de vertegenwoordigers van het volk en de rechten van het volk worden het volk ontnomen. Via de Federal Reserve en de bij haar aangesloten banken wordt het volk beroofd van de rechten die de Grondwet hem garandeert. Hun bezittingen zijn in beslag genomen zonder enige vorm van rechtsgang. Mijnheer de voorzitter, het fatsoen gebiedt ons de overheidsrekeningen te onderzoeken om de misdaden tegen het algemeen belang op te sporen die zijn begaan of nog steeds worden begaan.

Wat nodig is, is een terugkeer naar de Grondwet van de Verenigde Staten. We moeten een volledige scheiding tot stand brengen tussen de banken en de staat. De eeuwenoude strijd die hier ten tijde van Jackson werd gevoerd, moet opnieuw worden gestreden. De onafhankelijkheid van de Schatkist van de Verenigde Staten moet worden hersteld en de regering zou haar eigen geld achter slot en grendel moeten bewaren in het gebouw dat het volk voor dit doel ter beschikking heeft gesteld. We moeten af van het papiergeld, het instrument van de oplichters.

De regering zou goud moeten verwerven en geld uitsluitend moeten uitgeven op basis van de reserves die zij aanhoudt. Het beheer van de zaken zou moeten worden teruggegeven aan onafhankelijke bankiers. Het staatsbanksysteem zou vrij moeten zijn van elke belemmering. De districten van de Federal Reserve zouden moeten worden afgeschaft en de grenzen van de staten gerespecteerd. De bankreserves moeten worden aangehouden binnen de staat waarvan de burgers de crediteuren zijn, en deze reservevaluta van het volk moet worden beschermd zodat internationale bankiers er geen beslag op kunnen leggen. Alle handel moet worden stilgelegd terwijl we onze financiële zaken op orde brengen. De Federal Reserve Act en de Federal Reserve-banken die hun statuten hebben geschonden, moeten onmiddellijk worden geliquideerd.

Ontrouwe regeringsfunctionarissen die hun eed hebben geschonden, moeten worden afgezet en voor de rechter worden gebracht. Tenzij dit gebeurt, voorspel ik dat het Amerikaanse volk, verontwaardigd, bestolen, geplunderd, beledigd en verraden op eigen bodem, in opstand zal komen en in zijn woede hier een president zal sturen die de handelaars uit de tempel zal verdrijven." [Applaus]

Uit de bovenstaande toespraak blijkt dat de bezorgdheid die de Labour Party in Zuid-Afrika tijdens het debat over de Zuid-Afrikaanse Bank- en Monetaire Wet had geuit – die "in de VS was ontworpen en niet in het belang van het volk, maar van de banken was" –[225] dus volledig gerechtvaardigd was. Het feit dat naïeve en onwetende wetgevers in 1920 de oprichting van de Zuid-Afrikaanse Centrale Bank hebben toegestaan, naar het model van de Amerikaanse Federal Reserve, die door congreslid McFadden werd omschreven als "een van de meest corrupte en kwaadaardige instellingen ter wereld", is een zeer betreurenswaardig feit en moet in ondubbelzinnige bewoordingen worden veroordeeld.

[225] *Cape Times*, 28 juli 1920.

Congreslid **Louis Thomas McFadden** was voorzitter van de Commissie voor Bank- en Monetaire Zaken van de Verenigde Staten (1920-1931). Zijn aanhoudende onthullingen over de gigantische "criminele organisatie" van de Federal Reserve leidden tot zijn moord op 1 oktober 1936.

CLIFFORD HUGH DOUGLAS

Clifford Hugh Douglas (1879-1952) was een ingenieur die, toen hij tijdens de Eerste Wereldoorlog als adjunct-directeur bij de Royal Aircraft Factory in Farnborough in Engeland werkte, opmerkte dat de totale kosten van de goederen hoger waren dan de bedragen die aan lonen en dividenden werden uitbetaald. Hij besloot dit onevenwicht in de geldstroom binnen de industrie te onderzoeken, en na gegevens van honderden bedrijven te hebben verzameld, ontdekte hij dat er een constant tekort was aan koopkracht van de consument in verhouding tot de totale productiekosten. Hij beschouwde de inkomstenbelasting als een negatief dividend en stelde in plaats daarvan de uitkering van een nationaal dividend aan alle burgers voor, dat de kloof tussen inkomens en prijzen zou dichten. Dit dividend zou de consumenten de extra koopkracht verschaffen die nodig is om de gehele huidige productie van goederen op een niet-inflatoire manier te absorberen. Dit maakt deel uit van de stelling van Douglas A+B, namelijk dat de prijzen altijd sneller stijgen dan de inkomsten worden gegenereerd, zodat het totale bedrag van de prijzen van alle goederen die op elk moment in de economie circuleren, de totale koopkracht van de consumenten overschrijdt. De economische theorie van Douglas, bekend onder de naam Social Credit[226], pleitte voor de overdracht van het geldscheppingsproces van particuliere banken naar een staatsbank; hiermee zou het voorrecht van particuliere banken om uit het niets geld te creëren in de vorm van een rentedragende schuld worden ingetrokken.

Hij stelde ook een aanpassingsmechanisme voor, de 'Juste Prix' (Eerlijke Prijs) genaamd. Dit mechanisme zou het mogelijk maken de prijzen met een bepaald percentage te verlagen, in verhouding tot de gevolgen van de toegenomen

[226] In een brief aan H. S. (Jim) Ede, gedateerd 5 april 1935, gaf Lawrence of Arabia zijn mening over het kredietschema van Douglas, in het werk van Maurice Colbourne, *Economic Nationalism*: "De economie is als de getijden. We slagen er niet in er gebruik van te maken, maar toch vloeit en ebde ze. Het zou goed zijn om haar in kaart te brengen, maar niemand slaagt erin haar maan te onderscheiden." *The Letters of T. E. Lawrence*, uitgegeven door D. Garnett, Jonathan Cape, Londen, 1938, p. 866.

efficiëntie van het productieproces als gevolg van technologische verbeteringen. Op die manier zouden de voordelen van de technologie rechtstreeks ten goede komen aan de werknemers en hun levensomstandigheden verbeteren. Douglas was zich er terdege van bewust dat deze toenemende technologische vooruitgang het doel van volledige werkgelegenheid onmogelijk zou maken.

Vandaar zijn nadruk op de uitkering van een nationaal dividend, berekend door aan het minimuminkomen een deel toe te voegen dat gelijk is aan de toename van de nationale productie en de consumptiegegevens.

Na de Eerste Wereldoorlog wijdde Douglas de rest van zijn leven aan het uitdragen van zijn ideeën en gaf hij lezingen in tal van landen, waaronder Australië, Canada, Japan, Nieuw-Zeeland en Noorwegen. Hij boekte twee opmerkelijke successen:

(i) De Social Credit Party veroverde in 1935 de controle over de provinciale regering van Alberta, in Canada.

(ii) Na een lezingentournee in Japan in 1929 werden zijn oplossingen in 1935 door de Japanse regering overgenomen.

De voorstellen van Douglas werden door internationale bankiers zeer gevreesd en in de jaren 1930 besteedden zij een aanzienlijk bedrag van 5 miljoen pond[227] om zijn grotendeels succesvolle programma voor het bewustmaken van de massa's tegen te gaan. Douglas had niets dan minachting voor de centrale bankiers en bij een gelegenheid, toen hij in 1937 een toespraak hield in Newcastle-upon-Tyne, noemde hij de Bank of England een “psychiatrische inrichting”.[228]

[227] Volgens de inflatiecalculator van de Bank of England was £5 miljoen in 2012 gelijk aan £301 miljoen.

[228] C. H. Douglas, *Security Institutional and Personal*, een toespraak gehouden in het stadhuis van Newcastle-upon-Tyne op 9 maart 1937, p. 6. Ezra Pound noemde de Bank of England in een toespraak op Radio Rome op 1 juni 1943 *“de riool van Engeland*”.

Certificaat van Welvaart uitgegeven door de Social Credit Party, Alberta, 1936

Clifford Hugh Douglas. Zijn voorstellen inzake sociaal krediet en het staatsbanksysteem werden aanvaard door de regering van Alberta, Canada, en die van het Japanse Keizerrijk.

IRVING NORTON FISHER

Irving Fisher (1867-1947) was een beroemd hoogleraar economie aan de universiteit van Yale, die een wiskundige benadering hanteerde om economische problemen op te lossen. Hij staat bekend om zijn nutstheorie, die de meetbaarheid van de nutsfunctie naast de vraagtheorie plaatst. In zijn verhandeling, *The Theory of Interest/De theorie van de rente*, observeerde hij de veranderingen in de relatieve waarde van goederen als functie van de variatie in de rentetarieven in de tijd. Dit werd de kwantitatieve geldtheorie. Zijn hele leven lang was hij een actief deelnemer aan de eugenetische beweging.

In maart 1913 probeerde senator Robert L. Owen, de voorzitter van de Senaatscommissie voor het bankwezen, een alternatieve wet aan te nemen om de bank- en monetaire voorstellen van het frauduleuze duo Rothschild/Rockefeller tegen te gaan.[229] De wet zou het mogelijk hebben gemaakt om naast goud en zilver ook basisbehoeften in de geldbasis op te nemen en zou zo de mogelijkheid van inflatie en deflatie hebben voorkomen, waardoor echte vrijheid op de arbeidsmarkt zou zijn gecreëerd. Irving Fisher hielp Owen bij het opstellen van dit wetsvoorstel, maar werd vervolgens gechanteerd om zijn steun in te trekken.

Deze veelzeggende paragraaf is ontleend aan het boek van Emmanuel Josephson, *The Federal Reserve Conspiracy & Rockefellers "Their Gold Corner"*, en beschrijft perfect wat eruit voortvloeide:

> „De samenzweerders waren vastbesloten om te voorkomen dat het wetsvoorstel van Owen zou worden ingediend. Ze lieten professor Fisher voor de leiding van Yale verschijnen en confronteerden hem door zijn pleidooi dat geld gebaseerd en gedekt moest worden door

[229] De Rockefellers zijn afstammelingen van Duitse immigranten, mogelijk joden, die hun naam in de middeleeuwen Roggenfelder schreven. Omdat joden niet als burgers werden beschouwd, werden ze door de Duitse vorsten gedwongen om het achtervoegsel van een levenloos voorwerp aan hun achternamen toe te voegen. Vandaar –berg (berg), –stein (steen), enz.

een gelijkwaardige hoeveelheid grondstoffen anders dan goud, als ‘onzinnig’ te bestempelen. Senator Owen vertelt dat Fisher werd gewaarschuwd dat er geen plaats meer zou zijn op Yale, noch op enige andere universiteit, voor iemand die zo ‘onzinnig’ was. Professor Fisher was zich terdege bewust van de hand die hem voedde, en was helaas even principeloos als de menigte van 'professoren' die zich lieten kopen door de samenzweerders en hun stichtingen. Hij gaf toe aan hun chantage en verraadde senator Owen door zijn steun als professor in te trekken voor deze wet, die een eerlijke remedie was en die hij zelf had helpen opstellen. In plaats daarvan nam professor Fisher stelling voor wat hij spottend de 'grondstofdollar' noemde, waarvan de waarde moest worden bepaald door een 'goudindex', wat een stabilisatie van de economie moest bewerkstelligen door de waarde van de grondstoffen goud en de dollar een speculatieve basis die de macht van de samenzweerders om de economie te manipuleren of te 'beheren' zou vertienvoudigen, waardoor ze de natie gemakkelijker konden oplichten. De *genadeslag*[230] aan het wetsvoorstel van senator Owen werd gegeven door president Wilson toen hij het categorisch afwees.”[231]

[230] N.d.T.: in het Frans in de tekst.

[231] E. M. Josephson, *The “Federal” Reserve Conspiracy & Rockefellers, Their “Gold Corner”*, Chedney Press, New York, 1968, p. 51.

Het Chicago-plan van 1933 van professor **Irving Fisher**, waarin een bankstelsel met volledige reserve werd voorgesteld, werd in 2012 goedgekeurd door onderzoekers van het Internationaal Monetair Fonds.

In 1920, nadat hij de inspanningen van senator Owen om de bank- en monetaire wetgeving te hervormen had opgegeven en verraden, publiceerde Fisher een boek getiteld *Dollar Stabilisation*,[232] dat bevat wat later het Plan van Chicago zou worden.[233] Het plan werd privé gepubliceerd, in de vorm van een memorandum van zes pagina's, en op 16 maart 1933 aan 40 personen verspreid. Hij stelde dat de staat de verantwoordelijkheid voor de creatie van de geldhoeveelheid op zich moest nemen en dat particuliere banken als

[232] A. N. Field, op. cit., p. 169.

[233] Fisher was op de hoogte van de voordelen van een openbaar uitgegeven munteenheid, zonder schulden of rente, op lokaal niveau in Europa. In *Stamp Scrip*, Adelphi Publishers, New York, 1933, wijdde hij hoofdstuk IV aan het eerste experiment in het buitenland: Silvio Gesell. Gesell introduceerde het Wara-papiergeld (*Ware und Währung* – Goederen en Valuta) in de in crisis verkerende steenkoolmijnstad Schwanenkirchen in Beieren. In hoofdstuk V: De plotselinge verspreiding van 'certificaten', beschrijft hij hoe de certificaten de in crisis verkerende stad Wörgl in Oostenrijk omvormden tot een bloeiend centrum van welvaart.

volwaardige reservebanken moesten functioneren. Met behulp van wiskundige principes slaagde Fisher erin aan te tonen dat dit zou leiden tot volledige werkgelegenheid, dat economische cycli zouden worden afgeschaft en dat de inflatie zou worden teruggedrongen en op nul zou blijven.

In augustus 2012 presenteerden twee onderzoekers van het Internationaal Monetair Fonds, Jaromir Benes en Michael Kumhoff, *The Chicago Plan Revisited / Het Chicago-plan herzien*. Zij stelden vast dat elk van Fishers argumenten 100% juist was. Dit is hun conclusie:

> "Deze studie neemt het Chicago Plan opnieuw onder de loep, een voorstel voor een fundamentele monetaire hervorming dat door talrijke vooraanstaande economen in de Verenigde Staten werd verdedigd tijdens de meest kritieke momenten van de Grote Depressie. Fisher (1936) stelde in zijn briljante samenvatting van het Chicago Plan dat het vier belangrijke voordelen had, variërend van grotere macro-economische stabiliteit tot een veel lager schuldniveau in de hele economie. In deze studie zijn we erin geslaagd zijn argumenten grondig te toetsen door de richtlijnen van het Chicago Plan toe te passen op een geavanceerd monetair DSGE-model ([234]), dat in miniatuur een perfect gekalibreerd en microgefinancierd model van het huidige Amerikaanse financiële stelsel bevat. Het essentiële kenmerk van dit model is dat de geldhoeveelheid die in de economie circuleert, door de banken wordt gecreëerd via schulden, in plaats van zonder schulden door de overheid.
>
> De analyses en resultaten van onze simulatie bevestigen volledig de beweringen van Fisher (1936). Het Plan van Chicago zou de volatiliteit van de economische cycli, veroorzaakt door de snelle verandering van het kredietrisicobeleid van de banken, aanzienlijk kunnen verminderen, de kans op bankruns elimineren en leiden tot een onmiddellijke vermindering van de publieke en

[234] Dynamic Stochastic General Equilibrium. (De dynamische stochastische algemene evenwichtstheorie).

private schuldenlast. Het zou deze vermindering tot stand brengen door de staat zijn emissiebevoegdheid terug te geven, die het algemeen belang rechtvaardig vertegenwoordigt in plaats van de schuld, aangezien deze laatste het belangrijkste activum van de economie is geworden, terwijl de banken hun inspanningen concentreren op het verstrekken van krediet voor investeringsprojecten die toezicht en risico-expertise vereisen. Wij zijn van mening dat de voordelen van het Plan van Chicago zelfs verder reiken dan de standpunten die door Fisher worden verdedigd.

Een van de vele bijkomende voordelen is de productiviteitswinst die voortvloeit uit de afschaffing of vermindering van talrijke verstorende factoren, namelijk de risicopremies op de rentevoeten, de confiscatoire belastingen en een even kostbaar als nutteloos toezicht op macro-economische risico's. Een ander voordeel vloeit voort uit het vermogen om de inflatie op een niveau dicht bij nul te houden in een context waarin er geen liquiditeitsblokkade bestaat en waarin monetarisme haalbaar en wenselijk wordt omdat de overheid de volledige controle uitoefent over de monetaire aggregaten. Dit vermogen om een inflatie van nul te genereren en te handhaven is een uitkomst van het grootste belang, omdat het een antwoord biedt op alle nogal verwarrende beweringen van de tegenstanders van het exclusieve monopolie van de overheid op de geldemissie, die beweren dat een dergelijk systeem sterk inflatoir zou zijn. Onze theoretische analyse bevat niets dat dit argument kan bevestigen. En zoals vermeld in deel II, is er ook in de hele monetaire geschiedenis van de antieke samenlevingen van de westerse naties niets te vinden dat dit bevestigt.[235]

235 IMF Working Papers, augustus 2012. https://www.imf.org/external/pubs/ft/wp/2012/wp12202.pdf

HOOFDSTUK VI

DE OPKOMST EN ONDERGANG VAN HET STAATSBANKSYSTEEM (1932-1945)

"Zoals u weet, heeft de goudstandaard de ondergang veroorzaakt van de staten die deze hebben ingevoerd, omdat deze nooit in staat was om aan hun monetaire behoeften te voldoen, aangezien wij het goud zoveel mogelijk uit de circulatie hebben gehaald."

- Protocol nr. 20[236]

„Vervolgens stelde ik dat de goudstandaard, de vaststelling van wisselkoersen en dergelijke niets anders waren dan wartaal, dat ik nooit heb beschouwd en nooit zal beschouwen als onveranderlijke economische principes. Geld was voor mij gewoon een ruilmiddel voor verrichte arbeid, en de waarde ervan hing volledig af van de waarde van de verrichte arbeid. Waar geld geen verrichte dienst vertegenwoordigde, benadrukte ik dat het helemaal geen waarde had."

- Adolf Hitler[237]

DE REICHSBANK: DE STAATSBANK VAN NATIONAAL-SOCIALISTISCH DUITSLAND

Uit de wereldwijde chaos en de economische verwoestingen van de jaren 1930, die allemaal waren veroorzaakt door de door de Rothschilds gecontroleerde centrale banken, rezen drie feniksen op.

In mei 1919 woonde een gewone soldaat een lezing bij van een voormalig civiel ingenieur die econoom was geworden, Dr. Gottfried Feder (1883-1941), getiteld ("Manifest om de

[236] *De Protocollen van de Wijzen van Sion*, vertaald uit het Russisch door Victor E. Marsden, voormalig correspondent van *The Morning Post* in Rusland, Londen, 1934, p. 214. (Victor Marsden was de pr-man van Zijne Koninklijke Hoogheid de Prins van Wales tijdens diens rondreis door het Britse Rijk in 1920.)

[237] *Hitler's Table Talk*, samengesteld door M. Bormann, Ostera Publications, 2012, p. 311.

ketenen van de woeker te doorbreken").[238]

Het doel van deze reeks lezingen was om de soldaten de basisbeginselen van politiek en economie bij te brengen, zodat ze de vele revolutionaire politieke bewegingen die in die tijd in München actief waren, in de gaten konden houden. De volgende citaten uit *Mein Kampf* en[239] onthullen de beslissende invloed die Feder had op de ideeën van Adolf Hitler.

> "Voor het eerst in mijn leven hoorde ik een toespraak die handelde over beursprincipes en het kapitaal dat bij kredietactiviteiten wordt ingezet. Na het bijwonen van de eerste lezing van Feder, kreeg ik onmiddellijk het idee dat ik zojuist een van de meest elementaire voorwaarden voor de oprichting van een nieuwe partij had gevonden.
>
> "In mijn ogen lag de verdienste van Feder in zijn scherpe en meedogenloze manier om het dubbele karakter van beurskapitaal en kredieттransacties te beschrijven, waarbij hij blootlegde dat dit kapitaal nog steeds afhankelijk is van de betaling van rente. Wat de fundamentele kwesties betreft, waren zijn uitspraken zo vol gezond verstand dat zijn critici *in wezen* nooit ontkenden[240] dat zijn ideeën zinvol waren, maar ze betwijfelden of het mogelijk was ze in praktijk te brengen. Voor mij leek dit het meest overtuigende element van Feder's leer, hoewel anderen het als een zwakte beschouwden."[241]

En ook:

> "Ik begreep onmiddellijk dat deze leerstellingen een waarheid bevatten die van transcendent belang was voor de toekomst van het Duitse volk. De absolute scheiding

[238] In 1917 richtte Feder een organisatie op met de naam *Deutscher Kampfbund gegen Zinsknechtschaft* (Duitse Strijdbond tegen de Rente-Slavernij). In 1919 publiceerde hij zijn manifest in een hoofdstuk getiteld *An Alle, Alle! Das Manifest zur Brechung der Zinsknechtschaft* (Aan iedereen, voor iedereen! Het manifest voor de afschaffing van de renteknechtschaft) in zijn boek *Kampf gegen die Hochfinanz* (De strijd tegen de hoge financiën).

[239] A. Hitler, *Mein Kampf*, 1939, p. 122.

[240] Noot van de vertaler: in het Frans in de tekst.

[241] Ibid., p. 124.

van het beurskapitaal en het economische leven van de natie zou het mogelijk maken om zich te verzetten tegen het internationaliseringsproces van de Duitse handel zonder het kapitaal als zodanig aan te vallen, want dat zou alleen maar de fundamenten van onze nationale onafhankelijkheid in gevaar hebben gebracht. Ik zag duidelijk wat zich in Duitsland aan het ontwikkelen was, en ik besefte toen dat de strijd die we moesten voeren niet tegen vijandige naties was, maar tegen het internationale kapitaal. In de toespraak van Feder vond ik een strijdkreet voor de strijd die ons te wachten stond."[242]

Gottfried Feder (1883-1941), die het gehele financiële beleid van de NSDAP had

[242] Ibid., p. 124.

uitgedacht. Hij raakte later bij Hitler in ongenade vanwege zijn gebrek aan steun voor diens plan om synthetische brandstof te gebruiken ter vervanging van steenkool.

Enkele weken later kreeg Hitler van zijn militaire superieuren de opdracht om een politieke vereniging genaamd de *Deutsche Arbeiterpartei* (de Duitse Arbeiderspartij) te onderzoeken. Tijdens deze openbare bijeenkomst, die op 19 september 1919 plaatsvond in de Sterneckerbrau Inn in München, waren ongeveer 20 tot 25 mensen aanwezig. De belangrijkste spreker was Gottfried Feder. Kort daarna sloot Hitler zich aan bij deze partij en ontving hij een voorlopig lidmaatschapscertificaat met nummer zeven. Zijn eerste initiatief bij het overnemen van de leiding van de partij was om deze om te dopen tot *Nationalsozialistische Deutsche Arbeiterpartei* (Nationaal-Socialistische Duitse Arbeiderspartij).

Feder, die de belangrijkste opsteller was van de 25 grondbeginselen van de partij, werd de architect en theoreticus van haar programma. In juli 1933 werd hij benoemd tot staatssecretaris van Economische Zaken en in 1934 tot *Reichskommissar* (Rijkscommissaris).

De Duitse **hyperinflatie** – Arbeiders die in 1923 hun loon in wasmanden ontvingen.

De monetaire hervorming was de essentie van het nationaalsocialisme, zoals blijkt uit de volgende fragmenten uit *het boek (Het programma van de NSDAP, de Nationaal-*

Socialistische Duitse Arbeiderspartij en haar algemene opvattingen)[243], gepubliceerd in München in 1932.

Adolf Hitler liet zijn twee belangrijkste doelstellingen in grote letters afdrukken:

„HET ALGEMEEN BELANG BOVEN HET EIGENBELANG – DE GEEST VAN HET PROGRAMMA DE AFSCHAFFING VAN DE SLAVERNIJ VAN DE RENTE – DE KERN VAN HET NATIONAALSOCIALISME.

> „Zodra deze twee beginselen zijn verwezenlijkt, zullen zij het overwinnende karakter van hun universele strekking aantonen, die de samenleving ordent door de huidige scheiding tussen staat, natie en economie – onder de verderfelijke invloed van de heersende individualistische theorieën – teniet te doen. Bedrog heerst vandaag de dag. De arbeidersklasse wordt onderdrukt, de frauduleuze winsten van bankiers en speculanten worden beschermd, waardoor onverantwoordelijke privéverrijking mogelijk wordt, ten koste van alle politieke stabiliteit; van elk verheven gedachtegoed onder het volk, en bij gebrek aan ook maar enige hogere morele band en enig gevoel van eenheid. De macht van het geld, de meest meedogenloze van alle machten, heeft de absolute controle en oefent een corrumperende en vernietigende invloed uit op de staat, de natie, de samenleving, de moraal, de culturele wereld en op alle zedelijke kwesties die moeilijker te beoordelen zijn.[244]
>
> "Het doorbreken van de slavernij van woekerrente is onze strijdkreet."[245] Wat verstaan we onder de slavernij van de woeker? De landeigenaar staat onder dit juk; hij moet zijn toevlucht nemen tot leningen om zijn

---

[243] G. Feder, *Het programma van de NSDAP, De Nationaal-Socialistische Duitse Arbeiderspartij en haar algemene opvattingen*, München, 1932, p. 51.
[244] Ibid., p. 21.
[245] Ibid., p. 25.

landbouwbedrijf te financieren, leningen met een zo hoge rentevoet d, dat deze vrijwel de gehele opbrengst van zijn arbeid opslokt, of hij wordt gedwongen schulden aan te gaan en hypotheken mee te slepen als evenzoveel onzichtbare kettingen. Hetzelfde geldt voor de arbeider, die in winkels en fabrieken produceert voor een schijntje, terwijl de aandeelhouder dividenden en bonussen ontvangt waarvoor hij niet heeft hoeven werken. Zo is het ook met de middenklasse, waarvan de opbrengst van het werk bijna volledig wordt gebruikt om de rente op banktekorten te betalen.[246]

"Het juk van de rente is de ware uitdrukking van de tegenstellingen: kapitaal/arbeid, bloed/geld, creatieve arbeid/uitbuiting. De noodzaak om dit juk te breken is van zo'n groot belang voor onze natie en ons ras, dat alleen hierop de hoop van de natie rust om zich te bevrijden van schande en slavernij; in feite de hoop om geluk, welvaart en beschaving over de hele wereld te herwinnen. Dit is de spil waar alles om draait; het gaat om veel meer dan de loutere noodzaak die voortvloeit uit een financieel beleid. Hoewel de principes en gevolgen ervan diep verweven zijn met het economische en politieke leven, is het een kwestie van het grootste belang voor elke economische studie, en het raakt dus elk individu en vereist daarom een beslissing van ieder van hen: de natie dienen of zich onbeperkt verrijken. Het vertegenwoordigt een oplossing voor de Sociale Kwestie.[247]

Ons financieel principe: de financiën moeten het belang van de staat dienen; de financiële magnaten mogen geen staat binnen de staat vormen. Vandaar ons doel om de ketenen van de woeker te doorbreken.

De staat, en daarmee de hele natie, te verlossen van haar schulden bij de grote financiële huizen, die tegen rente lenen.

[246] Ibid., p. 26.
[247] Ibid., p. 27.

De nationalisatie van de Reichsbank en de emissiebanken die tegen rente lenen.

Het verstrekken van het nodige geld voor grote openbare projecten (waterkracht, spoorwegen, enz.), niet door middel van leningen, maar door de uitgifte van renteloze schatkistcertificaten en zonder het gebruik van contant geld.

De invoering van een vaste munteenheid op een stabiele basis.

De oprichting van een nationale zakenbank (monetaire hervorming) voor het verstrekken van renteloze leningen.

Een fundamentele hervorming van het belastingstelsel op basis van sociaal-economische principes. Ontlasting van de consument van de last van indirecte belastingen, en van de producent van verlammende en confiscatoire belastingen (belastinghervorming en -vrijstelling).[248]

Het onverantwoord drukken van bankbiljetten, zonder nieuwe toegevoegde waarde te creëren, leidt tot inflatie. Daar hebben we allemaal last van. Maar de juiste conclusie is dat de uitgifte van renteloze schatkistcertificaten door de staat geen inflatie kan veroorzaken, als er tegelijkertijd nieuwe toegevoegde waarde wordt gecreëerd.

Het feit dat grote bedrijven zich tegenwoordig niet kunnen herstellen zonder hun toevlucht te nemen tot leningen is pure waanzin. Hier kan een verstandig gebruik van het soevereine recht om geld te slaan de meest gunstige resultaten opleveren."[249]

Op 30 januari 1933 werden de Nationaal-Socialisten aan de macht gebracht[250] door middel van een coalitie tussen de

---

[248] Ibid., p. 30.
[249] Ibid., p. 43.
[250] Bij de verkiezingen van 6 november 1932 behaalden de Nationaal-Socialisten 11.737.398 stemmen, ofwel 33,1%. Bij de verkiezingen van 5 maart 1933 steeg het aantal stemmen voor de NSDAP tot 17.277.180, ofwel 43,9% van de stemmen. Bij de

Regierung der Nationalen Konzentration (Regering van Nationale Concentratie) en de *Deutschnationale Volkspartei* (e Nationale Volkspartij van Duitsland). Er werd een nogal afgezwakte versie van de monetaire hervorming doorgevoerd. Om de overheidswerken en de herbewapeningsprogramma's te financieren, werden twee fictieve vennootschappen opgericht, *de Gesellschaft für Öffentliche Arbeiten* (Offa) en *de Metallforschungsgesellschaft* (Mefo). Deze vennootschappen accepteerden crediteurenbrieven van leveranciers die overheidsopdrachten uitvoerden. Deze kredietbrieven werden vervolgens bij de Reichsbank verdisconteerd tegen een rente van 4%. Ze werden slechts voor drie maanden uitgegeven, wat duidelijk onvoldoende was gezien het langetermijnkarakter van de diverse projecten die ze financierden. Ze konden echter in drie maandelijkse termijnen worden verlengd voor een periode van maximaal vijf jaar.

In januari 1939 liepen de zaken uit de hand toen de president van de Reichsbank, Hjalmar Schacht, weigerde Offa- en Mefo-certificaten ter waarde van drie miljard te verlengen, uit vrees voor "inflatie". Op 7 januari 1939 stuurde Schacht Hitler een memorandum, ondertekend door hemzelf en de acht andere leden van de raad van bestuur van de Reichsbank, met daarin de volgende hoofdpunten:

1) Het Reich mag alleen het bedrag uitgeven dat door belastingen wordt gedekt.

2) De volledige financiële controle moet worden teruggegeven aan het ministerie van Financiën. (Dat dan gedwongen wordt alle militaire uitgaven te betalen).

3) De controle op prijzen en lonen moet effectief worden gemaakt. Het huidige wanbeheer moet ophouden.

---

verkiezingen van 12 november 1933, die in de vorm van een referendum plaatsvonden, behaalde de NSDAP 39.655.224 stemmen, ofwel 92,1% van het totale aantal stemmen bij een opkomst van 95,3%.

4) Het gebruik van de geld- en kapitaalmarkt moet volledig voorbehouden blijven aan de Reichsbank. (Dit betekende de praktische afschaffing van het Vierjarenplan van Göring.)[251]

Schacht sluit zijn memorandum af met dubbelzinnige bewoordingen: "We zouden graag zo goed mogelijk samenwerken met de e toekomstige doelstellingen, maar nu is het tijd om een pauze in te lassen."[252]

Door deze middelen in te zetten was het de bedoeling van Schacht om de Duitse economie te laten instorten,[253] die in de periode 1933-1939 haar bruto binnenlands product met 100 procent had zien stijgen. Van een geruïneerde natie in januari 1933, met 7.500.000 werklozen,[254] had Hitler Duitsland omgevormd tot een modern socialistisch paradijs. Hij was terecht boos en verwierp de aanbevelingen van de Reichsbank, die hij bestempelde als "muiterij".[255] Twee weken later werd Schacht ontslagen. Roger Elletson beschrijft dit gedenkwaardige moment: "Op 19 januari 1939 werd Schacht zonder opzegtermijn ontslagen en kreeg de Reichsbank de opdracht om het Reich alle door Hitler gevraagde kredieten te verstrekken. Deze beslissende stap ontnam de Reichsbank in één klap de controle over het nationale monetaire beleid en ondermijnde de Duitse machtsbasis van het internationale jodendom. De joodse bankiers waren zojuist de macht ontnomen om de Duitse economie te devalueren en te vernietigen.

---

[251] E. N. Peterson, *Hjalmar Schacht: for and against Hitler: A political-economic study of Germany, 1923-1945*, The Christopher Publishing House, Boston, 1954, p. 179.

[252] J. Weitz, *Hitler's Banker Hjalmar Horace Greely Schacht*, Little, Brown and Company, Londen, 1999, p. 17.

[253] Ibid., p. 343. Een aanwijzing over aan wie Schachts loyaliteit werkelijk gold, kwam aan het licht tijdens zijn begrafenis enkele dagen na zijn overlijden op 93-jarige leeftijd, op 4 juni 1970. Een van de kransen op zijn kist bevatte een kaartje met de tekst: "Aan de metgezel in moeilijke tijden – Stichting 20 juli." De leden van deze organisatie hadden op 20 juli 1944 tevergeefs geprobeerd Hitler te vermoorden.

[254] Van de 7.500.000 werklozen stonden er 5.575.492 als werkloos geregistreerd, terwijl 4.000.000 anderen in deeltijd werkzaam waren. *Statistical Year-Book of the League of Nations*, 1940, Genève, p. 70. Zie ook B. R. Mitchell, International Historical Studies, Europe 1750-1993, vierde editie.

[255] D. Marsh, *The Bundesbank: The Bank That Rules Europe*, William Heinemann Ltd, Londen, 1992, p. 119.

Afgezien van de gevolgen van de rente die op de Mefo's werd betaald, kon Duitsland zich nu beschouwen als een land dat volledig onder het "Feder-systeem" functioneerde, in plaats van onder het "Schacht-systeem". De Reichsbank werd een effectief wapen van de regering, met als enige verschil dat de wissels nu onder auspiciën van de staat werden gemonetariseerd of terugbetaald, in plaats van door een joodse lakei aan het hoofd van de Reichsbank.[256] Zo werd de Reichsbank in januari 1939 een echte staatsbank. Het aftreden van Schacht maakte ook een einde aan de overdracht van vertrouwelijke informatie over alle economische ontwikkelingen in Duitsland,[257] die ononderbroken was verstrekt aan Montagu Norman,[258] een broeder in de vrijmetselarij en gouverneur van de Bank of England (1920-1944).

Een nieuwe wet op de Reichsbank, afgekondigd op 15 juni 1939, maakte de bank **"onvoorwaardelijk onderworpen aan de soevereiniteit van de staat".**[259]

Artikel 3 bepaalde dat de bank, omgedoopt tot de *Deutsche Reichsbank*, moest worden "geleid en beheerd op instructie en onder toezicht van de Führer en de Rijkskanselier. "[260] Hitler was nu zijn eigen bankier, maar omdat hij zich had losgemaakt

---

[256] R. E. Elletson, *Monetary Parapometrics: A Case Study of the Third Reich*, Christian International Publications, Wilson, Wyoming, 1982, p. 57.

[257] D. Irving, *The War Path: Hitler's Germany 1933-1939*, Macmillan, Londen, 1978, p. 172. Opmerking: “Montagu Norman, gouverneur van de Bank of England, verklaarde aan de Amerikaanse ambassadeur Joseph Kennedy dat Schacht gedurende 16 jaar zijn vaste informant was geweest over de precaire financiële toestand van Duitsland (ambassadeur Joseph Kennedy rapporteerde dit aan Washington op 27 februari 1939). In 1946 probeerde Norman in Neurenberg voor Schacht te bemiddelen via een Britse broeder-vrijmetselaar uit het team van de aanklager, Harry Phillimore (Schacht was zelf ook vrijmetselaar). Het Amerikaanse team wees de toenadering van Phillimore categorisch af, maar de Engelse rechter Birkett sprak vrijspraak uit. Zie ook D. Irving, *Nuremberg The Last Battle,* Focal publishers, Londen, 1996, p. 271-272. Montagu Norman was ook de peetvader van Schachts jongste achterkleinzoon, Norman. Zie het bezoek van de heer Norman aan Berlijn, *The Glasgow Herald,* 5 januari 1939, twee dagen voordat Schacht zijn brutale memorandum naar Hitler stuurde.

[258] Montagu Norman was een heimelijk figuur, die zich op een avontuurlijke manier verplaatste en zelfs eens werd gezien toen hij uit het laadluik van een vrachtschip tevoorschijn kwam. Naast het gebruik van het reeds genoemde pseudoniem, professor Skinner, gebruikte hij af en toe zijn tweede voornaam Collet als achternaam.

[259] D. Marsh, op. cit., p. 128.

[260] Ibid., noot 40, p. 300.

van de internationale oplichters en woekeraars, moest hij, net als Napoleon Bonaparte, die in 1800 de Banque de France als staatsbank had opgericht, hetzelfde lot ondergaan; er volgde een zinloze oorlog die de ondergang van zijn volk en zijn land betekende. Het was deze gebeurtenis die de Tweede Wereldoorlog ontketende – de Rothschilds hadden zich gerealiseerd dat de wereldwijde verspreiding van het renteloze staatsbanksysteem van Duitsland hun kwaadaardige financiële imperium voorgoed zou vernietigen. Om de Polen carte blanche te geven, wat hen in staat zou stellen zich te verzetten tegen de Duitse ' ' en de Duitsers te provoceren, werd op 31 maart 1939 door Groot-Brittannië een misleidend en waardeloos aanbod gedaan[261] om de soevereiniteit van Polen te garanderen.

De "**Wilhelm Gustloff**" (24.484 brutoton), vernoemd naar de leider van de Zwitserse Nationaal-Socialisten. Als onderdeel van het programma *Kraft durch Freude* (kracht door

[261] Het betrof een blanco cheque die alle kans had om te worden geweigerd, aangezien Engeland alleen bereid was Polen te hulp te schieten in geval van een Duitse invasie in Polen of een Poolse invasie van Duitsland, maar geenszins als het om de Sovjet-Unie ging. De Polen waren zich niet bewust van deze mogelijkheid. De Sovjets annexeerden uiteindelijk veruit het grootste deel van Polen, namelijk 77.300 vierkante mijl, vergeleken met de 49.800 vierkante mijl die aan Duitsland werden teruggegeven. Staatssecretaris Ernst von Weizsäcker, geciteerd door D. L. Hoggan, *The Forced War: When Peaceful Revision Failed,* Institute for Historical Review, Costa Mesa, Californië, 1989, p. 391, beschrijft minachtend: "De Britse garantie aan Polen was vergelijkbaar met het geven van suiker aan een peuter die aan zijn lot was overgelaten!"

vreugde) konden Duitse arbeiders die minder dan 300 RM per maand verdienden, zich cruises naar exotische bestemmingen veroorloven. Deze cruiseschepen kregen echter geen toegang tot Britse havens uit angst voor onrust en afgunst onder de arme en werkloze Britse arbeiders.

Het interieur van de "Wilhelm Gustloff"

In september 1939 besloeg de **Reichsautobahn** 3.862 km. Deze was esthetisch niet ontworpen voor een utilitair doel, maar om de automobilist een adembenemend uitzicht op het landschap te bieden.

In de loop van de volgende vijf maanden voerde de Poolse regering de onderdrukking, intimidatie en aanvallen op de 1,5 miljoen Duitse inwoners van Polen geleidelijk op. Deze aanvallen, ge[262], waarbij 58.000 Duitse burgers door de Polen werden gedood in sporadische uitbarstingen van wreedheid, culmineerden in het bloedbad van Bromberg op 3 september 1939, dat 5.500 slachtoffers eiste. Aanvankelijk werden deze provocaties en wreedheden stoïcijns genegeerd. Uiteindelijk zag Hitler zich genoodzaakt zijn toevlucht te nemen tot militair ingrijpen om de Duitsers in Polen te beschermen. Op 30 augustus 1939 legde Hitler, in een daad die een staatsman waardig was, de voorstellen van Marienwerder opnieuw voor aan de Poolse regering.[263]

De vier belangrijkste voorstellen waren de volgende:

(i) Het behoud van de bestaande grenzen zoals vastgelegd in het Verdrag van Versailles.

(ii) De terugkeer naar Duitsland van de bevolking van Danzig (370.000 mensen), die voor 97% uit Duitsers bestond.

(iii) De aanleg van een snelweg van 96 km en een spoorlijn die West- en Oost-Pruisen met elkaar verbindt, van Schönlanke naar Marienwerder.

(iv) Een bevolkingsuitwisseling tussen de Duitsers en de Polen.

Op bevel van internationale bankiers drong de Britse minister van Buitenlandse Zaken, Lord Halifax, er bij de Poolse regering sterk op aan om niet te onderhandelen.[264] Zo werd de Tweede Wereldoorlog ontketend, wat de leugen over de Duitse schuld ontkracht. Vanaf 1939 deed Duitsland minstens 28 bekende pogingen tot onvoorwaardelijke vrede, maar die werden allemaal afgewezen. De daaropvolgende gedwongen oorlog eindigde met de overwinning van de internationale

---

[262] D. L. Hoggan, op. cit., Hoofdstuk 16, *De geterroriseerde Duitsers in Polen*, p. 388-390, en de rellen in Łódź, p. 391-392. Hoggan verklaart ook dat: "... er onder goed geïnformeerde mensen in die tijd [1939] geen twijfel bestond dat er elke dag gruwelijke wreedheden werden begaan tegen de Duitsers in Polen," p. 554.

[263] *Het laatste voorstel in „Verheimlichte Dokumente – Was den Deutschen verschwiegen wird“* (Verborgen documenten – Wat voor de Duitsers verborgen wordt gehouden), Fz-Verlag, München, 1993, blz. 172-174. Het bevat alle 16 punten.

[264] D. H. Hoggan, op. cit., blz. 565-569.

financiers en de nederlaag en onderwerping van de volkeren van Europa en in feite de hele wereld. In Europa werd deze onderwerping uiteindelijk voltooid met de oprichting van de door Rothschild gecontroleerde Europese Centrale Bank op 1 juni 1998 en de invoering van *de euro* op[1]januari 1999.

DE VERWEZENLIJKINGEN VAN HET DUITSE STAATSBANKSYSTEEM

Een van de eerste gunstige gevolgen die het staatsbanksysteem en de monetaire hervorming het Duitse volk brachten, was de voorziening van passende huisvesting. In de periode 1933-1937 werden 1.458.178 nieuwe huizen gebouwd die voldeden aan de meest geavanceerde normen van die tijd.[265] Elk huis mocht niet hoger zijn dan twee verdiepingen en moest een tuin hebben. De bouw van appartementen werd ontmoedigd en de huurprijzen mochten niet hoger zijn dan 25 RM per maand, ofwel 1/8 van het gemiddelde inkomen van een arbeider. Werknemers met een hoger salaris betaalden maximaal 45 RM per maand.

Aan jonge echtparen werden renteloze leningen tot RM 1.000 (het equivalent van vijf maanden salaris) verstrekt, bekend onder de naam *Ehestanddarlehen* (huwelijksleningen). De lening moest tegen 1% per maand worden terugbetaald, maar voor elk geboren kind werd 25% van het geleende bedrag kwijtgescholden. Als een gezin dus vier kinderen had, werd de lening als volledig afgelost beschouwd. Hetzelfde principe gold voor hypothecaire leningen, die voor een looptijd van tien jaar tegen een zeer lage rente werden verstrekt. De geboorte van elk kind leidde ook tot een kwijtschelding van 25% van de lening.[266] Het basisonderwijs, de technische middelbare scholen en de universiteiten waren gratis, terwijl een universeel gezondheidszorgsysteem iedereen gratis zorg

[265] Tussen 1932 en 1938 steeg de index van voltooide bouwwerken met 163,2%, van 38 naar 100.
[266] S. M. Goodson, *Illustrated Guide to Adolf Hitler & The Third Reich*, Washington D.C., The Barnes Review, 2009, p. 15.

bood.[267]

De volksauto – **Adolf Hitler** bezoekt de Volkswagen-fabriek in Wolfsburg, 1938. De voorgestelde naam voor de nieuwe plaats was Hitlerstadt, maar Hitler maakte bezwaar en gaf er de voorkeur aan zijn pseudoniem Wolf te gebruiken.

In de periode 1933-1937 stegen de invoer met 31%, van 4,2 miljard RM tot 5,5 miljard RM, terwijl de uitvoer, met name naar Zuidoost-Europa, met 20,4% omhoogschoot, van 4,9 miljard RM tot 5,9 miljard RM. Deze toename van de handel wordt geïllustreerd door de stijging van 76,9% in de binnenvaart, die steeg van 73,5 naar 130 miljoen vervoerde ton, en door de stijging van 69,4% in de zeevaart, die steeg van 36 naar 61 miljoen vervoerde ton. Gedurende deze periode werd de handel aanzienlijk verbeterd door middel van ruilhandel, waarbij het internationale betalingssysteem en de verplichting om commissies en rente op wissels te betalen, werden omzeild. Aan het einde van de jaren dertig vond 50% van alle buitenlandse handel plaats via transacties op basis van ruilhandel. In dezelfde periode stegen de uitgaven voor wegeninfrastructuur, en met name voor de Reichsautobahn, waarvan in september 1939 3.862 km was voltooid, met 229,5%, van 440 miljoen RM tot 1,45 miljard RM. De aanleg

[267] Het systeem werd gefinancierd door een bescheiden bijdrage die werd ingehouden op de lonen van de arbeiders en werd gestort in *de Allgemeine Ortskrankenkasse* (het Algemeen Lokaal Ziektekostenfonds).

van deze gigantische snelweg was, naast de symbolische betekenis ervan, noodzakelijk om het groeiende aantal voertuigen op te vangen, dat met 425% was gestegen van 41.000 tot 216.000 registraties , en om het hoofd te bieden aan de nog spectaculairdere stijging van 622% van het aantal personenauto's, dat van 7.000 naar 50.600 was gestegen.

Tussen 1932 en 1938 steeg de ijzerertsproductie met 45,4%, van 843.000 tot 1.226.000 ton. Het Duitse erts bevatte slechts 25% ijzer, in tegenstelling tot het Zweedse erts met een hoger ijzergehalte, dat Duitsland zich niet kon veroorloven. Deze moeilijkheid werd overwonnen dankzij het Krupp-Renn-proces, dat staal van hoge kwaliteit opleverde. Tussen 1932 en 1939 steeg de index van de steenkoolproductie met 85,5%, van 69 naar 128, terwijl de energie-index in dezelfde periode met 76% toenam, van 75 naar 132.[268]

Deze voortdurend toenemende economische activiteit had tot gevolg dat de werkloosheid, die in 1933 30,1% had bereikt, in juli 1939 tot bijna nul was gedaald,[269] zodat gepensioneerde werknemers opnieuw moesten worden aangemoedigd om weer aan het werk te gaan om het tekort aan arbeidskrachten op te vangen. Daarentegen was de werkloosheid in de Verenigde Staten, die in 1933 25,1% had bereikt, volgens de National Industrial Conference Board slechts marginaal gedaald tot 19,8% in januari 1940;[270] een situatie die moet worden toegeschreven aan het irrationele maar niettemin weloverwogen beleid van de door Rothschild gecontroleerde Federal Reserve en de parasitaire particuliere banksector.

Het nationaal inkomen van Duitsland steeg tussen 1932 en 1937 met 43,8% van 45,2 miljard RM tot 65 miljard RM, terwijl tussen 1932 en juni 1939 de index van de goederenproductie met 219,6% steeg, van 46 naar 147;[271] toch waren de kosten van levensonderhoud slechts met 4% gestegen, ofwel minder dan 1% per jaar, een percentage dat

---

[268] *Statistical Year-Book of the League of Nations*, op.cit., p. 169. De productie-indexen zijn verstrekt door *Konjunkturforschung*, op basis van het jaar 1928.
[269] In juli 1939 stonden 38.379 mensen als werkloos geregistreerd.
[270] *Statistical Year-Book of the League of Nations*, op.cit., p. 70.
[271] Ibid., p. 169.

gedurende de 12 jaar van het staatsbanksysteem onder het nationaalsocialisme gehandhaafd zou blijven. Het Duitse monetaire beleid "was niet-inflatoir dankzij de overheidsuitgaven, die de vraag erden, wat op zijn beurt een toenemende stijging van de hoeveelheid beschikbare goederen kon veroorzaken."[272]

In 1939 was Duitsland uitgegroeid tot de machtigste natie in de Europese geschiedenis. Het bruto binnenlands product groeide met 11% per jaar en was in de zes jaar van het staatsbanksysteem verdubbeld. De Duitsers waren nu het gelukkigste en welvarendste volk ter wereld, met volledige werkgelegenheid en de hoogste levensstandaard. Dit succes werd bereikt door de ijver van het Duitse volk en dankzij de ondersteuning van een eerlijk monetair stelsel dat niet berustte op woeker of de goudstandaard.

Een van de mythes die door officiële historici worden verspreid, is dat de Duitse economische heropleving gebaseerd was op de productie van wapens. De volgende tabel toont het bescheiden niveau van de militaire uitgaven, die pas in 1938/1939 begonnen te stijgen toen Duitsland zich bedreigd begon te voelen door zijn buren.

Jaren	Militaire uitgaven RM	Nationaal inkomen
1933/34	1,9 miljard	4%
1934/35	1,9 miljard	4%
1935/36	4 miljard	7%
1936/37	5,8 miljard	9%
1937/38	8,2 miljard	11%
1938/39	18,4 miljard	22%

Bron: Deutsche Reichsbank

Zelfs een uitgave van 22% van het nationaal inkomen aan defensie, vlak voor het uitbreken van de Tweede Wereldoorlog, kan als niet al te buitensporig worden beschouwd, wanneer we in gedachten houden dat de grenzen van Duitsland weinig natuurlijke barrières kennen en dat het

[272] R.E. Elletson, op.cit., p. 60.

land in die tijd omringd was door vijandige buren: de Tsjechoslowakije, Frankrijk en Polen. Duitsland moest ook de bewapening weer opbouwen die het volgens de voorwaarden van het Verdrag van Versailles niet mocht aanschaffen. De Engelse historicus A. J. P. Taylor schrijft: "De toestand van de Duitse bewapening in 1939 levert het doorslaggevende bewijs dat Hitler geen algemene oorlog had voorzien en waarschijnlijk helemaal niet van plan was oorlog te voeren."[273]

DE ONTWIKKELINGEN NA DE OORLOG

In mei 1945 staakte de *Deutsche Reichsbank* haar activiteiten, hoewel haar werkzaamheden pas in 1961 daadwerkelijk werden beëindigd. In het westelijke deel van het land werd zij op 1 mei 1948 opgevolgd door de *Bank deutscher Länder* (de Bank van de Duitse deelstaten). Deze bank introduceerde de Duitse mark op 21 juni 1948 en werd later bekend als de *Deutsche Bundesbank*, die op 26 juli 1957 werd opgericht. Hoewel de bank wettelijk onafhankelijk was en gemodelleerd naar de Amerikaanse Federal Reserve, oefende de Bondsdag, of het federale parlement, aanzienlijke controle en invloed uit op haar beleid; ze was in die tijd dus niet zo onafhankelijk als de meeste centrale banken tegenwoordig zijn.

Sinds 2001 heeft de *Deutsche Bundesbank*, als lid van de Europese Centrale Bank, het grootste deel van haar bevoegdheden aan deze organisatie gedelegeerd. Haar resterende verantwoordelijkheden, die zij deelt met de ECB, zijn de uitgifte van bankbiljetten, het beheer van de verrekenkamer en het toezicht op en beheer van de deviezenreserves. Het hoofddoel van de ECB, zoals vastgelegd in artikel 127, lid 1, van het Verdrag betreffende de werking van de Europese Unie, is het handhaven van prijsstabiliteit. Deze obsessie is grotendeels verantwoordelijk voor de recordwerkloosheid en de lage bbp-groei die we momenteel meemaken, evenals voor de daling van het

[273] A.J.P. Taylor, *The Origins of the Second World War*, Hamish Hamilton, Londen, 1961, 218.

vruchtbaarheidscijfer.

De ECB werd opgericht op[1]januari 1998 en werd formeel operatione op[1]januari 1999 met de invoering van de eenheidsmunt, de euro. Deze door Rothschild gecontroleerde bank is ironisch genoeg gevestigd aan de Kaiserstrasse 29 in Frankfurt am Main, niet ver van de *Judengasse* (de Jodenstraat) waar Mayer Amschel Rothschild en zijn broer Kalman in de jaren 1780 een wisselkantoor voor munten en medailles hadden opgericht. Voor de 18 landen die domweg de euro hebben aangenomen en zich bij de ECB hebben aangesloten, zijn hun onderwerping en slavernij een *voldongen feit*[274].

FASCISTISCH ITALIË

Op 28 oktober 1922 kwamen Benito Mussolini en zijn Nationale Fascistische Partij aan de macht. Het fascisme zou nauwkeuriger als corporatisme moeten worden omschreven, omdat het een versmelting van de staat en de corporatistische macht symboliseert. In 1936 werd de Kamer van Afgevaardigden vervangen door een Nationale Raad van Corporaties met 823 vertegenwoordigers van de industrie, de werknemers en de provincies, die de industriële productie aanstuurden en arbeidsconflicten oplosten.

In de jaren twintig werd met behulp van overheidsuitgaven een programma van openbare werken opgestart dat qua omvang ongeëvenaard was in het moderne Europa van die tijd. Er werden bruggen, kanalen, 4.000 km aan snelwegen, ziekenhuizen, scholen, treinstations en weeshuizen gebouwd. Er werden bossen aangeplant en universiteiten opgericht.[275] De Pontijnse moerassen werden drooggelegd en er werd 802 $^{km^2}$ ^{land}teruggewonnen.[276] De landbouw werd gesubsidieerd en gereguleerd door een programma van nationale

[274] N.D.T.: in het Frans in de tekst

[275] R.G. Price, *Fascism Part 1: Understanding Fascism and Anti-Semitism*, 23 oktober 2003 www.rational/revolution.ne/articles/understandingfascism.htm

[276] Vandaag de dag wonen er 520.000 mensen in deze voorheen verlaten regio.

zelfvoorziening of autarkie.

DE ITALIAANSE STAATSBANK

In 1926 greep Mussolini voor het eerst in in de banksector door de Banca d'Italia het voorrecht te verlenen bankbiljetten uit te geven en de minimumreserves van de bank, inclusief de goudvoorraden, te beheren. Het Italiaanse fascisme "voornamelijk gebruiken om een autarkische staat te creëren die niet onderworpen is aan de grillen van de wereldhandel en de wereldfinanciën",[277] vormde de kern van zijn beleid. In 1927 kreeg Italië van JP Morgan een lening van 100 miljoen dollar om een noodsituatie het hoofd te bieden. Daarna weigerde Mussolini "te onderhandelen over of in te stemmen met andere leningen uit het buitenland", omdat "hij vastbesloten was Italië vrij te houden van elke financiële afhankelijkheid van buitenlandse bankbelangen".[278]

Benito Mussolini inspecteert de voortgang van de drooglegging van de Pontijnse moerassen – een van zijn technische hoogstandjes die deze door malaria geteisterde regio omvormde tot een gebied met een overvloed aan landbouwproducten.

[277] K. Bolton, *The Banking Swindle Money Creation and the State*, Black House Publishing Ltd, Londen, 2013, 118.
[278] L. Villari, *Italian Foreign Policy under Mussolini*, Holborn Publishing Company, Londen, 1959, p. 59.

In 1931 eigende de staat zich het recht toe om toezicht te houden op alle grote banken via *het Instituto Mobiliare Italiano* (het Italiaans Instituut voor Effecten). In 1936 werd dit proces voltooid toen, door middel van *de Atto di Riforma d e Bancaria* (Wet op de Bankhervorming), de Banca d'Italia en alle grote banken staatsinstellingen werden.[279]

De Bank van Italië was nu een volwaardige staatsbank, als enige met het recht om uit het niets krediet te creëren en dit tegen een bescheiden vergoeding aan andere banken te verstrekken. De beperkingen op staatsleningen werden opgeheven (zoals ook het geval was bij de Bank van Japan, zie verder) en Italië stapte af van de goudstandaard.

DE STAATSBANK VAN JAPAN

De Bank van Japan of 日本銀行 *Nippon Ginkō* werd opgericht op 10 oktober 1882. Hoewel het Japanse keizerlijke huis de grootste aandeelhouder was, functioneerde zij als een typische centrale bank, d.w.z. ten voordele van particuliere banken en ten koste van het algemeen belang.

In 1929 hield C. H. Douglas, wiens systeem van sociaal krediet reeds is toegelicht, een lezingentournee in Japan. Zijn voorstellen om de regering toe te staan de geldhoeveelheid en het krediet van de natie zonder rente te creëren, werden enthousiast ontvangen door de leiders van de Japanse regering en de industriële wereld. Alle boeken en pamfletten van Douglas werden in het Japans vertaald, en er werden in dit land meer exemplaren van verkocht dan in de rest van de wereld.[280]

De reorganisatie van de Bank of Japan tot een staatsbank die uitsluitend in het belang van het nationale belang werd beheerd, begon in 1932. De hervorming van de bank werd voltooid in 1942, toen de Wet op de Bank of Japan werd

---

[279] A. J. de Grund, *Fascist Italy and Nazi Germany: The 'Fascist' Style of Rule*, George Routledge & Sons Ltd, Londen, 2004, p. 52.

[280] 'New Economics', 19 januari 1934, p. 8 geciteerd door D.J. Amos, *The Story of the Commonwealth Bank,* Veritas Publishing Company, Bullsbrook, West-Australië, 1986, p. 44.

herzien naar het voorbeeld van de wetgeving van de Duitse Reichsbank uit 1939.[281] De bank functioneerde als volgt:

> "Het is duidelijk dat de Bank een speciale instelling is met een sterk nationale structuur. De Bank moet de taak op zich nemen om de valuta en de financiën te controleren en het kredietsysteem te ondersteunen en te bevorderen in overeenstemming met het overheidsbeleid, om ervoor te zorgen dat het potentieel van de natie ten volle wordt benut. Anderzijds moet zij **'worden beheerd met het bereiken van nationale doelstellingen als enig leidend principe'** (Artikel 2). Wat de taken van de Bank betreft, schafte de wet het oude principe van voorrang voor commerciële financiering af, waardoor zij alle vrijheid kreeg om toezicht te houden op de industriële financiering. De wet machtigde de Bank ook om de regering onbeperkte voorschotten zonder tegenprestatie te verstrekken en schatkistcertificaten te onderschrijven en op te kopen. Wat de geldemissie betreft, maakte de wet het systeem van maximale emissie permanent, zodat de Bank naar believen geld kon uitgeven om te voorzien in de behoeften van de defensie-industrie en de regering. Anderzijds werd het toezicht van de regering op de Bank aanzienlijk versterkt. De regering kon de presidenten en directeuren benoemen en hen opdrachten geven; een clausule verleende de regering uitgebreide bevoegdheden om zogenaamde 'functionele opdrachten' aan de bank te geven, om haar de maatregelen te laten toepassen die nodig werden geacht voor het bereiken van de doelstellingen van de Bank. Bovendien maakte de wet een groot deel van de financiële aangelegenheden van de Bank onderworpen aan de goedkeuring van de regering, ook op gebieden zoals het wijzigen van de rentetarieven, de uitgifte van bankbiljetten en het toezicht op de

[281] www.veteranstoday.com/2011/06/26was-world-war-ii-fought-to-make-theworld-safe-for-usury en S. M. Goodson, De ware reden voor de Japanse aanval op Pearl Harbor, *The Barnes Review*, Washington D.C., Vol. XIV, nr. 6, november/december 2008, p. 41-45.

rekeningen."[282]

Japan had dezelfde traumatische moeilijkheden ondervonden als gevolg van de kunstmatige Grote Depressie. De ge e omvorming van een particuliere centrale bank tot een staatsorgaan leverde echter resultaten op die zowel overtuigend als duurzaam waren.

ECONOMISCHE INDICATOREN VAN JAPAN 1931-1941

	Producten Alle	Alle industrieën	Nationaal inkomen	BBP
1931	19,1	19,7	10,5	12,5
1932	20,2	20,8	11,3	13,0
1933	24,7	25,3	12,4	14,3
1934	26,4	27,0	13,1	15,7
1935	27,9	28,7	14,4	16,7
1936	31,5	32,3	15,5	17,8
1937	37,2	37,7	18,6	23,4
1938	38,2	39,0	20,0	26,8
1939	42,4	43,0	25,4	33,1
1940	44,3	44,9	31,0	39,4
1941	45,8	46,5	35,8	44,9

Bron: Afdeling Statistiek, Bank van Japan

Deze tabel illustreert de geleidelijke verbetering die zich in de Japanse economie voordeed, nadat de belemmeringen van de inflatie waren weggenomen. In de periode 1931-1941 stegen de productie van industrieproducten en de industriële productie met respectievelijk 140% en 136%, terwijl het nationaal inkomen en het bbp met respectievelijk 241% en 259% toenamen. Deze opmerkelijke stijgingen overtroffen ruimschoots de economische groei in de rest van de geïndustrialiseerde wereld. De werkloosheid daalde van 5,5% in 1930 tot 3% in 1938. Het aantal arbeidsgeschillen nam af naarmate het aantal ongewenste werkonderbrekingen daalde,

[282] *Money and Banking in Japan*, de afdeling Economisch Onderzoek van de Bank of Japan, vertaald door S. Nishimura, uitgegeven door L.S. Pressnell, Macmillan, Londen, 1973, p. 38.

van 998 in 1931 tot 159 in 1941.

De uitdaging van Japan aan de Europese autofabrikanten – De kleine Datsun was te koop voor een lagere prijs dan de goedkoopste auto's uit de VS of het Verenigd Koninkrijk. Er werden proefmodellen besteld in India, Tsjechoslowakije en Groot-Brittannië. Prins Chichbe, de broer van keizer Hirohito, zit op de foto achter het stuur van het voertuig bij de Japanse Industriële Vereniging in Yokohama in december 1934.

Tegen het einde van de jaren 1930 was Japan de dominante economische macht in Oost-Azië geworden en overtroffen zijn exportcijfers regelmatig die van Amerika en Engeland. In augustus 1940 kondigde Japan de vorming aan van een Sfeer van Gedeelde Welvaart in Groot-Oost-Azië.[283] De vrees dat deze landen de staatsbankmethoden van Japan zouden overnemen, vormde zo'n bedreiging voor de door Rothschild gecontroleerde Federal Reserve, dat een oorlog de enige manier leek om te voorkomen dat dit deugdzame model op grotere schaal zou worden gereproduceerd.

HOE JAPAN IN DE TWEEDE WERELDOORLOG WERD MEEGESLEEPT

Vanaf juli 1939 verslechterden de betrekkingen met Amerika

[283] Een project dat oorspronkelijk was bedacht door generaal Hachiro Arita, die van 1936 tot 1940 minister van Buitenlandse Zaken was. Deze samenwerking werd officieel aangekondigd door minister van Buitenlandse Zaken Matsuoka Yosuke op 1 augustus 1940.

snel nadat de VS eenzijdig het Handelsverdrag van 1911 hadden opgezegd, waardoor het vermogen van Japan om essentiële grondstoffen te importeren werd beperkt. Deze maatregelen werden openlijk opgelegd vanwege de oorlog in China en werden in juni 1940 gevolgd door een embargo op kerosine en een verbod op de export van ijzererts en staal naar Japan in november 1940. Op 25 juli 1941 werden alle Japanse tegoeden in Engeland, Nederland en Amerika bevroren, nadat Japan, met toestemming van Vichy-Frankrijk, Indochina vreedzaam had bezet om de Chinese bevoorrading vanuit het zuiden te blokkeren, en werd alle handel tussen Japan en Amerika opgeschort. Tegelijkertijd liet president Franklin D. Roosevelt het Panamakanaal sluiten voor alle Japanse schepen, en werd er een embargo op rubber en olie ingesteld, wat in het laatste geval resulteerde in het verlies van 88% van alle voorraden. Zonder olie kon Japan niet overleven.

Generaal-premier Hideki Tojo (oktober 1941 – juli 1944) legt in zijn dagboek uit hoe de Verenigde Staten de diplomatieke inspanningen van Japan om de vrede te bewaren voortdurend dwarsboomden. De vreedzame handelsbetrekkingen van Japan werden voortdurend gesaboteerd door de VS en deze hinder vormde een grote bedreiging voor de toekomst van het land. De economische blokkade legde geleidelijk een strop om de nek van Japan. Niet alleen omsingelden de Verenigde Staten, Engeland, China en Nederland Japan met economische sancties, maar ook werden de zeestrijdkrachten in de regio van de Filippijnen, Singapore en Maleisië heringezet en versterkt. Amerikaanse oorlogsschepen werden gesignaleerd terwijl ze patrouilleerden in de territoriale wateren van Japan. Een Amerikaanse admiraal, beweerde dat de Japanse vloot binnen twee weken tot zinken kon worden gebracht, terwijl de Britse premier, Winston Churchill, verklaarde dat Engeland zich binnen 24 uur bij Amerika zou aansluiten.

Generaal Tojo schreef: “Japan heeft geprobeerd deze gevaarlijke omstandigheden te omzeilen door middel van diplomatieke onderhandelingen en hoewel Japan de ene na de andere concessie heeft gedaan in de hoop een oplossing te vinden via een wederzijds compromis, werd er geen vooruitgang geboekt omdat de Verenigde Staten niet van hun oorspronkelijke standpunt afweken. Uiteindelijk herhaalden de Verenigde Staten eisen die Japan in dit geval niet kon aanvaarden: een volledige terugtrekking van de troepen uit China, de afwijzing van de regering van Nanking en de opzegging van het Driemogendhedenpact."[284]

Japan ondernam talrijke diplomatieke stappen, waaronder het voorstel voor een topontmoeting op 8 augustus 1941, maar deze mislukten allemaal. Op 2 december 1941 was Japan door de blokkade van de geallieerden voor 75% van zijn buitenlandse handel afgesneden en zag het zich daarom gedwongen Amerika aan te vallen om zijn welvaart te behouden en zijn bestaan als soevereine natie veilig te stellen. De voortdurende druk en het gebrek aan compromisbereidheid van de woekeraars in New York hadden Japan opzettelijk geprovoceerd om vergeldingsmaatregelen te nemen.

DE ONTWIKKELINGEN NA DE OORLOG

Na de nederlaag van Japan was een van de eerste beslissingen van de Amerikaanse bezettingsmacht in Japan in september 1945 het herstructureren van het Japanse banksysteem, om het in overeenstemming te brengen met de norm van de internationale bankiers, d.w.z. woeker. De onbeperkte financiering van de staat door de Bank van Japan werd afgeschaft en de grote industriële conglomeraten, de *Zaibatsu*, werden ontmanteld. Dit beleid werd doorgevoerd door Joseph Dodge, een bankier uit Detroit, die financieel adviseur was van de opperbevelhebber van de geallieerde strijdkrachten, generaal Douglas MacArthur.

[284] *The Journal for Historical Review*, Vol. 12, Nr. 1, Lente 1992, Gevangenisdagboek van Hideki Tojo, p. 41-42. Het Driepartijenpact, ondertekend op 27 september 1940, was een overeenkomst met een looptijd van tien jaar tussen Duitsland, Italië en Japan. Het belangrijkste doel ervan was het handhaven van hun nieuwe economische orde, gebaseerd op een renteloos banksysteem, en het bevorderen van wederzijdse welvaart en het respectieve welzijn van hun volkeren. Artikel 3 voorzag in politieke, economische en militaire bijstand in het geval dat een van de drie mogendheden zou worden aangevallen door een macht die nog niet betrokken was bij de oorlog in Europa of bij het Chinees-Japanse conflict.

Het ministerie van Financiën slaagde er echter in een zekere controle over het banksysteem en in het bijzonder het monetaire beleid te behouden. In 1988 werd Japan zwaar getroffen door de invoering van de Basel I-maatregelen, die de Bank of Japan verplichtten om het minimumkapitaal voor risicovolle activa te verhogen van 2% naar 8%. Deze beslissing leidde tot een recessie die al 26 jaar aanhoudt.

In april 1998 werd de minister van Financiën wettelijk verplicht zich te onderwerpen aan de onafhankelijke Bank van Japan. Sindsdien functioneert de Bank van Japan als een typische centrale bank onder controle van Rothschild, waarbij zij haar bevoegdheden zelden in het belang van het Japanse volk uitoefent.

HOOFDSTUK VII

MODERNE VORMEN VAN STAATSBANKEN

"De bank is ontworpen in onrechtvaardigheid en is voortgekomen uit zonde. De bankiers bezitten het land. Neem het van hen terug, maar laat hen de macht behouden om geld te creëren, en met één pennenstreek zullen zij genoeg creëren om het geheel terug te kopen. Neem die macht echter van hen af en alle grote fortuinen zoals het mijne zullen verdwijnen zoals ze zouden moeten verdwijnen, want de wereld waarin we dan zouden leven zou alleen maar beter en gelukkiger zijn. Maar als u de slaven van de bankiers wilt blijven en de kosten van uw eigen slavernij wilt betalen, laat hen dan doorgaan met het creëren van geld."

- Sir Josiah Stamp,
voormalig directeur van
de Bank of England

DE BANK VAN NORTH DAKOTA[285]

In 1919 kregen de 48 staten van de Verenigde Staten de kans om hun eigen staatsbank op te richten. North Dakota was de enige staat die dit aanbod aannam.

North Dakota, met als hoofdstad Bismarck, heeft 684.000 inwoners. De staat ligt in het midden van Amerika, vlakbij de Canadese grens. Ondanks de zeer strenge winters is de landbouw de belangrijkste bron van directe en indirecte inkomsten. De staat staat op de eerste plaats wat betreft de productie van tarwe, voornamelijk durumtarwe[286], gerst, koolzaad, vlas, haver en zonnebloempitten. Schalieolie,

[285] http://banknd.nd.gov/

[286] Een hardere tarwesoort die wordt gebruikt voor de bereiding van spaghetti en andere soorten pasta.

verkregen door fracking in het Bakken-bekken, en bruinkool zijn de belangrijkste delfstoffen van de staat.

De staatsbank van North Dakota werd in 1919 opgericht door een coalitie van boeren.

De meeste staten van de Verenigde Staten zijn technisch gezien insolvent; met uitzondering van North Dakota en zijn westelijke buurstaat Montana kampen ze allemaal met begrotingstekorten. Ter vergelijking: Californië, de economisch belangrijkste staat en momenteel de twaalfde economie ter wereld, had in april 2013 een tekort van 23 miljard dollar en betaalt jaarlijks 10,4 miljard dollar aan rente. In 2012 bedroeg de obligatieschuld 167,9 miljard dollar. In tegenstelling tot de 49 andere staten, die kampen met een steeds stijgende werkloosheid, is die van North Dakota gedaald en momenteel met 2,7% de laagste van het land. De staat heeft ook het laagste percentage bedrijfsfaillissementen in de Verenigde Staten.

In september 2012 had North Dakota een begrotingsoverschot van 1,6 miljard dollar. Tussen 1997 en 2010 groeide het bbp met 93,4%, van 16 miljard dollar naar 31 miljard dollar. In de periode 2000-2011 steeg het individuele inkomen per inwoner met 127%, van $ 20.155 naar $ 45.747, terwijl de groei op nationaal niveau in dezelfde periode slechts 37,4% bedroeg.

Het geheim van het succes ligt in de staatsbank. De missie van de bank is het verlenen van financiële diensten die de landbouw, de handel en de industrie ondersteunen. Volgens de wet moet de staat al zijn middelen bij de bank storten, die daar een concurrerende rente op betaalt.

De bank keert al haar winst uit aan de staat, die in 2011 60 miljoen dollar bedroeg. In de afgelopen 11 jaar is meer dan 460 miljoen dollar aan de staat uitgekeerd. Het grootste deel van deze middelen wordt gebruikt om belastingverlagingen te compenseren. De bank biedt ook een secundaire markt voor hypothecaire leningen, garanties voor nieuwe bedrijven en kredieten aan boeren tegen een rentevoet van 1% per jaar. North Dakota heeft geen kredietcrisis of kredietbevriezing gekend, omdat de bank de staat van eigen krediet voorziet. Door zijn eigen economische soevereiniteit te vestigen, is North Dakota de meest welvarende en financieel leefbare staat van de hele Verenigde Staten geworden.

Hoewel de staatsbank de financiële impasse op nationaal niveau niet oplost, hebben de staatsbanken in de VS het potentieel om aanzienlijke verlichting te bieden op staatsniveau, in de vorm van begrotingsoverschotten, aanzienlijke belastingverlagingen, lagere werkloosheid en een hoog welvaartsniveau. In juni 2014 overwogen 25 staten wetgeving die de oprichting van een staatsbank mogelijk zou maken.[287]

DE STATEN VAN GUERNSEY

In 1815, toen de Napoleontische oorlogen ten einde waren, verkeerde Guernsey in een precaire toestand. De wegen waren in slechte staat, de dijken waren ingestort en de economie lag plat. Het eiland was niet in staat geld te lenen omdat het onvoldoende belastingen kon heffen om de vereiste rente te betalen.

In 1816 zocht het Comité van de Staten van Guernsey naar een nieuwe oplossing om openbare werken en een nieuw marktplein te financieren. Het gaf £6.000 uit in de vorm van

[287] http://publicbankinginstitute.org/

biljetten van één pond , zonder schuld of rente. Binnen twee jaar waren alle werken voltooid zonder dat de financiering ervan de staatsschuld ook maar enigszins had verhoogd.[288]

Er volgde nog een uitgifte van £5.000, ditmaal met biljetten van vijf pond, om het Elizabeth College, gesticht door koningin Elizabeth [I]in 1563, en de parochieschool te herbouwen. In 1837 was er £55.000 in omloop. Het eiland beleefde een toename van het toerisme en een ongekende welvaart.

De Oude Markt van St Peter Port werd in 1816 gefinancierd door de uitgifte van £6.000 aan schuld- en renteloze bankbiljetten.

In 1914 bedroeg de uitgifte van de staatsobligaties £142.000. In 1937 was dat £175.000. De drukkosten voor deze bankbiljetten bedroegen £450, terwijl de jaarlijkse rentelasten naar schatting £11.383 (6,5%) zouden hebben bedragen. In 1958 was er £542.765 in omloop. Momenteel is er £43,8 miljoen in omloop.[289] Vandaag de dag telt Guernsey 65.400 inwoners die genieten van een van de hoogste levensstandaarden ter wereld. De geldende inkomstenbelasting bedraagt 20%, ongeacht de herkomst van

[288] De Grubiaks vormen een interessant voorbeeld van hoe samengestelde rente een gemeenschap tot slaaf kan maken. In 1817 werd de fruitmarkt van Glasgow gefinancierd met een lening van £60.000. Deze werd uiteindelijk pas 139 jaar later, in 1956, terugbetaald. Het samengestelde rentetarief tussen 1816 en 1910 is niet bekend, maar tussen 1910 en 1956 werd £267.886 betaald.

[289] Treasury and Resources Department, Guernsey, 16 november 2012.

het inkomen, maar is beperkt tot £220.000 per jaar. Er is geen vennootschapsbelasting, afgezien van een heffing van 10% op bepaalde bankactiviteiten, geen vermogensbelasting, geen successierechten, geen onroerendgoedbelasting, geen btw en geen belasting op kapitaaloverdrachten. Guernsey heeft geen staatsschuld.

DE CENTRALE BANK VAN LIBIË

Van 1551 tot 1911 werd Libië bestuurd door het Ottomaanse Rijk, van 1911 tot 1943 door Italië en bevond het zich tussen 1943 en 1951 onder de dubbele militaire suzereiniteit van Groot-Brittannië en Frankrijk. De Centrale Bank van Libië werd opgericht in 1956 en functioneerde als een typische centrale bank tot de bloedloze *staats*[290] e van[1]september 1969.

In 1959 werd olie van uitzonderlijke kwaliteit ontdekt. Koning Idris al Mahdi as-Sanusi slaagde er echter niet in om van deze zegen te profiteren en deze ten goede te laten komen aan zijn volk; het grootste deel van de olie-inkomsten vloeide weg naar de rekeningen van de oliemaatschappijen.

Toen Muammar Kadhafi in 1969 de macht greep, nam hij de controle over de economische activiteiten van het land over, inclusief de centrale bank, die in de praktijk als een staatsbank werd beheerd. Deze fungeerde als superbankier voor de lokale banken en buitenlandse banken mochten er geen transacties uitvoeren. De financiering van de overheidsinfrastructuur was niet afkomstig van *riba* (rente) en Libië had geen staatsschuld en had geen leningen in het buitenland aangegaan. De deviezenreserves bedroegen meer dan 54 miljard dollar, wat vergelijkbaar is met de reserves van ontwikkelde landen zoals het Verenigd Koninkrijk en Canada, die in 2010 respectievelijk 50 miljard en 40 miljard dollar bezaten. De bbp-groei in de periode 2000-2010 bedroeg 4,32% per jaar en het officiële inflatiecijfer bedroeg -0,27%.[291]

[290] N.d.t.: in het Frans in de tekst.
[291] www.theglobaleconomy.ca

Kolonel[292] Kadhafi werd in de media afgeschilderd als een "verschrikkelijke dictator en een bloedzuigend monster"[293], maar de realiteit is dat hij, met uitzondering van de stad Benghazi en de omliggende gebieden, de steun genoot van 90% van de bevolking.[294]

De volgende voordelen die Kadhafi bood, verklaren de redenen voor zijn populariteit:

- Gratis onderwijs.
- Studenten kregen een vergoeding die overeenkwam met het gemiddelde salaris in het vakgebied dat ze studeerden.
- Studenten in het buitenland kregen een woning, een auto en € 2.500 per jaar toegekend.
- Gratis elektriciteit.
- Gratis medische zorg.
- Gratis huisvesting (hypotheken waren verboden).
- Pasgetrouwden kregen 60.000 dinar ($ 50.000)[295] als geschenk van de regering.
- Auto's werden tegen fabrieksprijs verkocht, zonder rente.
- Particuliere leningen werden zonder rente verstrekt.
- Een brood kostte 15 cent.
- Benzine kostte 12 cent per liter.
- Een deel van de opbrengst van de verkoop van koolwaterstoffen werd rechtstreeks op de bankrekeningen van de burgers gestort.

292 Zijn feitelijke rang was in feite die van luitenant.
293 http://embassy-finder.com/libya_in_kuwait_kuwait
294 Ondanks de aanhoudende bombardementen door de NAVO kwamen op 1 juli 2011 een miljoen inwoners van Tripoli (op een bevolking van 2,2 miljoen) bijeen voor een demonstratie ter ondersteuning van hun leider Kadhafi.
295 $1 = 1,20 Libische dinar.

- Boeren kregen gratis land, zaad en vee.
- Er was volledige werkgelegenheid, waarbij degenen die tijdelijk werkloos waren het equivalent van hun volledige salaris als werkloosheidsuitkering ontvingen.

Moammar Mohammed Kadhafi – Hij was een strikte volgeling van de Heilige Koran, die elke vorm van woeker had afgeschaft en de Centrale Bank van Libië ten dienste van het Libische volk had gesteld.

De Jamahiriya, de 'volksstaat' van Khadafi, zorgde ervoor dat de rijkdommen van dit land met 5,79 miljoen inwoners eerlijk werden verdeeld onder de gehele bevolking. Bedelaars en daklozen bestonden niet, de levensverwachting van 75 jaar was de hoogste van Afrika en lag 10% boven het wereldgemiddelde. Het alfabetiseringspercentage bedroeg 82%. Wat de mensenrechten betreft, stond Libië op plaats 61 op de Internationale Gevangenisindex. Hoe lager de score, hoe hoger het percentage. De eerste plaats wordt momenteel ingenomen door de Verenigde Staten.[296]

Een andere belangrijke prestatie van Khadafi betreft de aanleg

[296] S. Goodson, *The Truth About Libya*, 4 april 2011, http://rense.com/general/93/truth.htm

van het Nubische Bekken als Grote Kunstmatige Rivier, die dagelijks 6.500.000 m^3drinkwater levert aan de steden Tripoli, Sirte en Benghazi. Het gewonnen water is tien keer goedkoper dan ontzilt water. De totale project kosten, geschat op 25 miljard dollar, werden gefinancierd zonder ook maar één buitenlandse lening.

Hoewel de centrale banken van Wit-Rusland, Myanmar, Cuba, Iran, Noord-Korea, Noord-Soedan en Syrië niet rechtstreeks onder controle staan van het Rothschild-bankkartel, beschikte Libië over de enige centrale bank die op staatsbasis functioneerde, wat leidde tot de klassieke kenmerken van volledige werkgelegenheid, nulinflatie en een modern paradijs voor de arbeiders.

Dit alles roept de vraag op waarom de NAVO ingrijpt onder het voorwendsel van vermeende schendingen van de mensenrechten, die zij zogenaamd zou moeten beschermen. Sinds 1971, toen de Verenigde Staten met medeweten van Saoedi-Arabië de goudstandaard verruilden voor de petrodollar, is elke poging om de Amerikaanse dollar als dominante reservevaluta te verdringen, geblokkeerd en met geweld tegengewerkt.

In november 2000 vaardigde Saddam Hoessein een decreet uit dat alle transacties in koolwaterstoffen in euro's zouden worden uitgedrukt, omdat hij niet langer wilde handelen met de "valuta van de vijand".[297] Zoals later bleek, was de leugen over massavernietigingswapens slechts een vals voorwendsel en was het juist deze monetaire beslissing die Saddam Hoessein het leven kostte en zijn land verwoestte.

In vergelijkbare omstandigheden kondigde Khadafi in 2010 de invoering aan van een gouddinar voor de betaling van alle buitenlandse transacties in een regio met 200 miljoen inwoners. In die tijd bezat Libië 144 ton goud. Wat werd voorgesteld was op *zich* geen terugkeer naar de goudstandaard, maar de invoering van een nieuwe meeteenheid voor de olie-export en andere grondstoffen die in gouddinars moesten

[297] *Time*, 13 november 2000.

worden afgerekend.[298] Khadafi had de rode lijn overschreden en betaalde daarvoor de ultieme prijs.

Sinds 2007 eist Iran dat betalingen in euro's worden verricht. Op 17 februari 2008 gebruikte de Iraanse Oliebeurs voornamelijk de euro, de Iraanse rial en een mandje van niet-Amerikaanse valuta's voor de handel in koolwaterstoffen, petrochemische producten en gas. De eerste olielading die onder dit nieuwe systeem werd verhandeld, werd in juli 2011 via deze markt verkocht. Deze gebeurtenis moet worden beschouwd als de belangrijkste oorzaak van de herhaalde Israëlische en Amerikaanse dreigementen tegen Iran.

[298] De Dinar-Or: De wereldeconomie redden dankzij Kadhafi, www.globalresearch.ca, 5 mei 2011.

HOOFDSTUK VIII

DE BANKENCRISIS EN DE DEFINITIEVE ONDERGANG VAN DE BESCHAVING

"Ik vrees dat de gewone burger het niet op prijs zou stellen te weten dat banken geld kunnen en in feite ook creëren en vernietigen. De hoeveelheid geld die in omloop is, varieert alleen in functie van de stijging en daling van de bankdeposito's en kredieten... en degenen die het krediet van een natie controleren, sturen het regeringsbeleid en hebben het lot van de volkeren in hun hand."[299]

- Reginald McKenna,
voormalig minister van Financiën.

HISTORISCH OVERZICHT

Bankencrises nemen gewoonlijk drie vormen aan: (i) één enkele bank stort in door een gebrek aan vertrouwen en een massale opname van deposito's, (ii) een stormloop op de bank wanneer een aantal banken tegelijk failliet gaat, en (iii) wanneer het hele systeem implodeert.

In de achttiende eeuw bleven bankcrises beperkt tot landen die centrale banken hadden en woekerpraktijken toepasten, namelijk Engeland, Nederland en Zweden.

In 1710 nam de Sword Blade Bank, in concurrentie met de Bank of England, een deel van de staatsschuld over in ruil voor aandelen van de Sword Blade. Het jaar daarop voerde de South Sea Company een soortgelijke operatie uit en in 1720 nam zij de rest van de staatsschuld over in ruil voor haar overgewaardeerde aandelen. De South Sea Company was in feite slechts een lege huls en was niet eens e e met commerciële

[299] Toespraak van de president tot de aandeelhouders van de Midland Bank, 25 januari 1924.

activa. Op 24 september 1720 werd de Sword Blade Bank geliquideerd en tegen het einde van dat jaar hadden de aandelen van de South Sea Company bijna 90% van hun waarde van £1.000 per stuk verloren.

In 1763, na het einde van de Zevenjarige Oorlog (1756-1763), konden de *wissels* of bankbiljetten die waren uitgegeven door de Nederlandse bankier Leendert Pieter de Neufville niet worden terugbetaald en veroorzaakten ze een stormloop op de banken in Nederland, Duitsland en Zweden.

In januari 1772 ging het Londense bankhuis Neal, James, Fordyce en Down, dat zich had ingelaten met grootschalige speculatie door short te gaan op de aandelen van de Oost-Indische Compagnie, failliet nadat het er niet in was geslaagd zijn verliezen te dekken als gevolg van massale opnames door zijn klanten. Tweeëntwintig belangrijke banken en bijna alle particuliere banken in Schotland werden geliquideerd. De besmetting was zelfs voelbaar tot in Amsterdam. Veel lokale banken kregen te maken met een liquiditeitscrisis, waaronder Clifford and Sons, dat failliet ging.

Vanaf dat moment zouden bijna alle bankcrises worden veroorzaakt door het centrale-bankmodel, dat particuliere banken in staat stelt geld te creëren door middel van rentedragende schulden, en dit vervolgens te vernietigen zodra de schuld is afgelost. Zo werden de eerste twee paniekgolven in 1792 en 1796-1797 in de Verenigde Staten veroorzaakt door de First Bank of the United States, toen deze opzettelijk de toegang tot krediet beperkte om een economische ineenstorting te veroorzaken.

Een soortgelijke financiële ramp en de daaropvolgende depressie werden in 1819 gepland en uitgevoerd door de Second Bank of the United States, eigendom van Rothschild, terwijl Engeland in 1825 en 1847 eveneens werd getroffen door een kunstmatige paniek. Tijdens de paniek van 1825 werden 66 banken gedwongen hun activiteiten te staken.

Een andere bankpaniek in de Verenigde Staten vond plaats in 1857, als gevolg van een georganiseerd tekort aan goud dat leidde tot het faillissement v n de Ohio Life Insurance and Trust Company. Zoals we al in hoofdstuk IV hebben opgemerkt, ontstond er, toen de Verenigde Staten in januari 1873 gedwongen werden de goudstandaard in te voeren, een patroon van steeds vaker voorkomende en heviger wordende bankpanieken. Minder dan acht maanden later, in september van datzelfde jaar, werden de Verenigde Staten ondergedompeld in een opzettelijk veroorzaakte recessie die vier lange jaren duurde.

De daaropvolgende paniekgolven van 1884, 1890, 1890-1891, 1893-1894, 1897, 1903 en 1907 werden allemaal opzettelijk in scène gezet om het Amerikaanse volk in verwarring en wanhoop te storten. Na 40 jaar van geplande chaos, zeepbellen en beurscrashes, evenals een mediacampagne van desinformatie, gaf de bevolking zich gedwee over en werd de droom van de samenzwerende bankiers om een centrale bank van de Verenigde Staten op te richten op 23 december 1913 verwezenlijkt.

Na de Grote Depressie, die door de Federal Reserve was geënsceneerd[300], heerste er een relatieve periode van stabiliteit tot in de jaren 1990, toen een groeiend aantal landen te kampen kreeg met economische crises en financiële moeilijkheden. (Finland, Zweden, Venezuela, Indonesië, Zuid-Korea, Thailand, Rusland, Argentinië, Ecuador en Uruguay).

De bankencrisis van 2007

De kiem voor de huidige bankencrisis werd gelegd toen de Glass-Steagall Act van 1933, die banken verbood financiële instellingen te bezitten en banken scheidde van beleggingsmaatschappijen, op 12 november 1999 werd ingetrokken. Toen de oorspronkelijke wet werd aangenomen, merkte senator Carter-Glass, een voormalig minister van Financiën van de VS en een van de voorstanders ervan, op:

[300] In 2002 antwoordde Ben Bernanke, toen lid van de academische raad van de Federal Reserve Bank van New York, op een vraag van professor Milton Friedman over de Grote Depressie: "Wat betreft de Grote Depressie. U hebt gelijk, wij waren daarvoor verantwoordelijk. Het spijt ons oprecht."

"Met een pistool kan een man een bank beroven, maar met een bank kan een man de hele wereld beroven."

Tegen het einde van de ambtstermijn van de regering-Clinton werd verklaard dat iedereen het recht had op een eigen huis, en daartoe zette het Ministerie van Volkshuisvesting en Stedelijke Ontwikkeling een programma op met de naam Strategisch Partnerschap voor Nationaal Eigenwoningbezit en de Amerikaanse Droom. Om zoveel mogelijk huiseigenaren aan te trekken, werden de vereisten voor toegang tot krediet aanzienlijk versoepeld en kende de regering kredietnemers een belastingvermindering van 8.000 dollar toe. Gedurende de eerste twee jaar werden aantrekkelijke rentetarieven aangeboden, maar daarna moesten aanzienlijk hogere tarieven worden betaald.

Senator **Carter-Glass**, wiens wetgeving het banken verbood financiële instellingen te bezitten en banken scheidde van beleggingsmaatschappijen. Deze wet werd in 1999 ingetrokken, met verwoestende gevolgen.

Tussen 1998 en 2006 stegen de vastgoedprijzen met 124%, maar twee jaar later werd een daling van 20% geregistreerd. In tegenstelling tot de stijgende prijzen vertoonde de betaalbaarheid van woningen een dalende trend. Tussen 1980 en 2000 bedroeg de verhouding tussen de kosten van een gemiddelde woning en het mediane inkomen van huishoudens 3, maar in 2006 was dit gestegen tot 4,6. Credit default swaps (CDS), die werden gecreëerd om te speculeren op kredietrisico's, namen tussen 1998 en 2008 exponentieel toe, tot een omvang van 47 biljoen dollar en een nominale waarde van 683 biljoen dollar.

Nobelprijswinnaar **Frederick Soddy**, wiens visie op het monetaire en bancaire stelsel gebaseerd is op de natuurkunde, onthulde de onjuistheid van eeuwigdurende economische groei.

Om de vastgoedzeepbel te voeden, werden innovatieve financiële producten ontwikkeld, zoals CDO's (door activa gedekte obligaties). Hypothecaire leningen met een wisselend terugbetalingspotentieel werden gesecuritiseerd en nadat ze door de kredietbeoordelaars waren voorzien van ratings die hun betrouwbaarheid garandeerden – frauduleus, zoals later zou blijken – werden ze in de mees e gevallen verkocht aan naïeve beleggers.[301]

Om deze cultuur van hebzucht nog verder te stimuleren, heeft de schaduwbanksector – bestaande uit investeringsbanken en hedgefondsen, waarvan het totale vermogen op dat moment meer dan 100 biljoen dollar bedroeg – deze producten agressief op de markt gebracht, ondanks het feit dat in juni 2007 39% van alle hypothecaire leningen niet voldeed aan de voorwaarden van een klassieke emittent.

De zeepbel barstte toen Lehmann Brothers op 15 september 2008 failliet werd verklaard. Er werd dringend om een reddingsoperatie gevraagd en het Congres kende een bedrag van 700 miljard dollar toe voor het Paulson-plan, maar dit was slechts het topje van de ijsberg, aangezien de Federal Reserve sindsdien meer dan 16 biljoen dollar aan steun heeft toegekend aan binnenlandse en buitenlandse banken. Volgens de memoires "[302] " van Neil Barofsky, inspecteur-generaal van het Paulson-plan, zou het uiteindelijke bedrag meer dan 24 biljoen dollar kunnen bedragen. Het is dan ook niet verwonderlijk dat de balans van de Federal Reserve in de periode 2008-2013 met 500% is gegroeid tot 5 biljoen dollar, en dit alles om een insolvente banksector in stand te houden met haar programma van kwantitatieve versoepeling dat vergelijkbaar is met het Ponzi-schema[303], terwijl in dezelfde geest de balansen van de zes grootste westerse banken tussen 2007 en 2012 met 336,4% zijn gestegen, van $10,7 biljoen naar $14,6 biljoen.

[301] Een van de meest opvallende slachtoffers van deze fraude was het Pensioenfonds voor de Olie-industrie van de Noorse overheid, het op één na grootste staatsinvesteringsfonds ter wereld, dat in 2008 een verlies van 90 miljard dollar leed. Dit verlies maakte in feite alle winst van de voorgaande 12 jaar teniet. http://news.bbc.co.uk/2/hi/business/7961100.stm

[302] N. Barofsky, *Bailout: An Inside Account of How Washington Abandoned Main Street While Rescuing Wall Street,* Free Press, New York, 2012, p. 288. In november 2011 berekende het Levy Economics Institute van Bard College in New York dat de totale reddingsoperatie 29 biljoen dollar bedroeg.

[303] Charles Ponzi was een Amerikaanse oplichter uit het begin van de twintigste eeuw.

CAUSATUM

Te midden van de nasleep van deze financiële crisis begonnen pogingen op te duiken om een oplossing te vinden voor wat een onoplosbaar probleem leek. De Dodd-Frank-hervorming van Wall Street en de wet op de consumentenbescherming werden op 21 juli 2010 afgekondigd. Ze bevatten verschillende regelgevende verplichtingen die bedoeld zijn om verantwoordelijkheid, financiële stabiliteit en transparantie te bevorderen. 200 pagina's van de wet zijn gewijd aan de hervorming van hypothecaire leningen en omvatten strengere toekenningsvoorwaarden en de verplichting voor kredietmakelaars om zich ervan te vergewissen dat kredietnemers in staat zijn hun schulden af te lossen.

De topmensen van het Bazels Comité voor Bankentoezicht hebben voorgesteld om de kapitaalvereisten en de liquiditeitsratio's te verhogen, in de hoop dat deze maatregelen de banksector zullen versterken. Het is de bedoeling dat deze maatregelen uiterlijk op 31 maart 2019 in praktijk worden gebracht. Het is echter waarschijnlijk dat ze juist het tegenovergestelde effect zullen hebben door een grotere vermindering van de geldhoeveelheid te veroorzaken, waardoor de recessie wordt versterkt.

Wat de meeste bankiers en economen niet begrijpen, is dat de enige beschikbare methode om de economie te redden erin bestaat om nog wat dieper in de (rente)schuld te duiken, aangezien op schuld gebaseerde geld onze enige ruilmiddel is. Vandaar al die hardnekkige en belachelijke mantra's die herhalen dat de groei koste wat kost in stand moet worden gehouden, want als alle leningen zouden moeten worden terugbetaald, zou de geldhoeveelheid verdwijnen en zouden we gedwongen zijn goederen en diensten via ruilhandel uit te wisselen. In de huidige situatie zou een kwijtschelding van de wereldwijde schuld dus geen overbodige luxe zijn, als de geldhoeveelheid zou kunnen worden vervangen door een staatsbanksysteem dat geld creëert zonder schulden of rente.

De onderliggende reden waarom de ontwikkelde wereld, die

vroeger duurzame producten van superieure kwaliteit produceerde, gedeeltelijk is gedesindustrialiseerd, is dat er voortdurend goederen van matige kwaliteit moeten worden geproduceerd door derdewereldlanden om het groeisyndroom te voeden. Dit onderstreept ook de absurditeit dat Europa economische groei en ge ering nodig zou hebben terwijl de inheemse bevolking aan het afnemen is. Dit bewuste beleid van geplande veroudering en geforceerde groei heeft ook schadelijke gevolgen voor het milieu. Zoals we in het laatste hoofdstuk zullen opmerken, zal de daling van het vruchtbaarheidscijfer van vrouwen in de ontwikkelde wereld, die een direct gevolg is van uitputting, leiden tot het uitsterven van de beschaving.

Tot slot kunnen we opmerken dat het belangrijkste verborgen doel van de huidige bankencrisis is om een algemeen gevoel van wanhoop te creëren en een koor van toejuichingen te genereren voor de oprichting van een Wereldcentrale Bank – een situatie die vergelijkbaar is met die in de Verenigde Staten in de negentiende eeuw, toen er kunstmatig bankpanieken werden veroorzaakt ter voorbereiding op de oprichting van de Federal Reserve. Wanneer de parasitaire bankiers dit doel hebben bereikt, is het twijfelachtig of de gastheer die hen voedt tegen die tijd niet verdwenen zal zijn.

DE GROTE DEPRESSIE VAN DE 21E EEUW

Een van de belangrijkste oorzaken van de steeds groter wordende schuldenzeepbel is het zelfmoordbeleid van globalisering en vrijhandel, dat de reeds genoemde gedeeltelijke deïndustrialisering van de Verenigde Staten, het Verenigd Koninkrijk en Europa heeft veroorzaakt. De verplaatsing van industrieën naar derdewereldlanden heeft geleid tot een inkrimping van de productiebasis in de ontwikkelde wereld, permanente structurele werkloosheid en een groeiende handelsbalans. In een poging om een instortende levensstandaard op peil te houden, werden consumenten in de getroffen landen gedwongen hun toevlucht te nemen tot steeds hogere niveaus van particuliere schulden. Zo was in de

Verenigde Staten in de jaren 1980 2,37 dollar aan particuliere schulden nodig om 1 dollar aan bbp-groei te genereren, in de jaren 1990 was dat 2,99 dollar, en in de jaren 2000 een dramatische stijging tot 5,67 dollar voor elke dollar aan economische groei – een niveau dat binnenkort onhoudbaar zal worden.

Een nog verergerende factor is de stijging van de kosten voor energie-winning, ook wel bekend als de energieterugwinningsratio, de EROEI ("*Energy Returned On Energy Invested*"), die snel een kritiek punt nadert. Volgens het rapport van Tullet Prebon,[304], zouden de theoretische energiekosten in 1990 2,43% van het bbp hebben bedragen,[305], en in 2010 bijna verdubbeld zijn tot 4,7% van het bbp. Naar verwachting zullen ze in 2020 9,6% van het bbp bedragen en in 2030 15%. Deze daling van de energiewinst, die zal leiden tot de wijdverbreide sluiting van hele delen van de mijnbouw- en industriesector en de landbouw zal treffen, voorspelt een zeer aanzienlijke daling van de levensstandaard.[306]

De stijgende kosten van energiewinning zijn niet de enige beproevingen die de mensheid te wachten staan. In de afgelopen 100 jaar is het waterverbruik verviervoudigd en blijft het stijgen. Op dit moment hebben 1,6 miljard mensen te maken met waterschaarste en volgens een recent Amerikaans rapport van juni 2014 zal de wereldwijde vraag naar water in 2030 het beschikbare aanbod met 40% overtreffen.[307]

De factor die echter al deze macro-economische overwegingen overstijgt, is de daling van het geboortecijfer in de ontwikkelde wereld. Rond de eeuwwisseling van de twintigste eeuw

---

304 T.M. Morgan, *Perfect storm energy, finance and end of growth*www.tullettprebon.com/Documents/strategyinsights/TPSI009PerfectStorm009.pdf

305 De zogenaamde bloeiperiode van professor Frederick Soddy, waarin entropie zich nog niet had gemanifesteerd, wat in dit geval neerkomt op een tekort aan relatief schaarse grondstoffen.

306 Vrijwel alle landbouwgrond werd in 1960 bebouwd. Tussen 1950 en 1984 steeg de wereldwijde graanproductie bijvoorbeeld met 280%. De toename van de landbouwproductie was echter bijna volledig te danken aan het gebruik van kunstmest. Met voldoende energie-input zou de voedselproductie bijna gehalveerd kunnen worden.

307 http://theeconomiccollapseblog.com/archives/25-shocking-facts-abouttheearths-dwindling-water-resources

bedroeg de blanke wereldbevolking 590 miljoen, ofwel 36% van een totaal van 1,65 miljard. Op dit moment is hun aandeel in de wereldbevolking gedaald tot 15%. Twee zinloze broederoorlogen, ontketend om het woekersysteem in stand te houden, hebben deze catastrofale achteruitgang veroorzaakt.

De volgende tabel, die het vruchtbaarheidscijfer weergeeft[308], toont de onvermijdelijkheid en de bijna wiskundige zekerheid aan dat in 2100 de meeste blanke volkeren en een groot deel van de Aziatische volkeren in Noordoost-Azië zullen zijn verdwenen.

Nigeria	5,32
Pakistan	3,52
Egypte	2,89
Bangladesh	2,83
India	2,81
Indonesië	2,18
Mexico	2,21

In de eerste kolom van de bovenstaande tabel met vruchtbaarheidscijfers staan alle landen met meer dan 100 miljoen inwoners vermeld, terwijl de volgende tabel de landen met een overwegend blanke bevolking en de landen in het Verre Oosten weergeeft. Het vruchtbaarheidscijfer dat nodig is om de bevolking op peil te houden, bedraagt 2,11.[309] De blanke, Chinese en Japanse bevolkingsgroepen zullen dus binnen drie generaties ernstig uitgedund zijn,[310] en tenzij het geboortecijfer aanzienlijk stijgt, zullen ze met hun uiteindelijke uitsterven worden geconfronteerd.

VS	2,05
Verenigd Koninkrijk	1,94
Brazilië	1,90
Frankrijk	1,89
Australië	1,79

[308] www.en.wikipedia.org/wiki/List-of-sovereign-states-and-dependentterritories-by-fertility-rate

[309] Het gemiddelde vruchtbaarheidscijfer wereldwijd bedraagt 2,55, maar het is moeilijk vast te stellen of dit cijfer rekenkundig of als gewogen gemiddelde is berekend.

[310] De huidige gemiddelde leeftijd waarop een vrouw haar eerste kind baart, is 30 jaar, terwijl dat 40 jaar geleden nog 25 jaar was.

Zweden	1,67
China	1,55
Canada	1,53
Duitsland	1,41
Spanje	1,41
Italië	1,38
Rusland	1,34
Japan	1,27
Zuid-Afrika	2,64 Het vruchtbaarheidscijfer van blanken bedraagt 1,5.

Op basis van bovenstaande tabel moet worden opgemerkt dat het 80 tot 100 jaar duurt voordat een vruchtbaarheidscijfer van 1,3 wordt omgekeerd, wat vrijwel onmogelijk is; terwijl historisch gezien een vruchtbaarheidscijfer van 1,9 nog nooit is omgekeerd. Bovendien wordt de ernst van de afname van de blanke bevolking verhuld door het feit dat een groot deel van de niet-blanken, die een hoger vruchtbaarheidscijfer hebben, in deze cijfers is meegeteld.

Het percentage blanken in de volgende belangrijke landen ziet er als volgt uit:

Brazilië	48
Duitsland	88[311]
Verenigd Koninkrijk	86[312]
Australië	85
Frankrijk	85
Rusland	81
Canada	80
Verenigde Staten	65[313].

Er wordt veel op China gerekend om de wereldeconomie te redden, maar het vruchtbaarheidscijfer van de buurgebieden van Hongkong (bevolking van 7 miljoen) bedraagt 0,97 voor Hongkong en 1,10 voor Taiwan (bevolking van 23,3 miljoen),

[311] Volgens het Duitse bureau voor de statistiek Destasis zijn 15 miljoen of 19% van de Duitse bevolking van 80,2 miljoen van niet-Duitse afkomst. De volkstelling werd gehouden op 9 mei 2011.

[312] *Heritage and Destiny*, The Changing Face of a Disunited Kingdom, Preston, Engeland, maart-april 2013, p. 3.

[313] M. Merlin, *Our Vision for America*, A2Z Publications LLC, Las Vegas, 2012, ix.

wat duidelijk een dalende trend laat zien en suggereert dat het Chinese vasteland deze vruchtbaarheidscijfers binnenkort zal evenaren, naarmate de levensstandaard blijft stijgen. Deze dalende vruchtbaarheidscijfers in China worden ook bevorderd door het éénkindbeleid van de Chinese regering, dat sinds 1979 van kracht is. Tegen 2025 wordt in China een nul nbevolkingsgroei verwacht.

Sinds de Tweede Wereldoorlog is een groeiend aantal getrouwde vrouwen in de westerse wereld, misleid door de verderfelijke propaganda van het feminisme en gendergelijkheid, gedwongen om werk te zoeken, zodat hun gezinnen de steeds stijgende rente kunnen betalen die nodig is om rond te komen. Het grootste deel van deze rente wordt geïnd via hypothecaire leningen, dat wil zeggen over geld dat de banken uit het niets hebben gecreëerd. Het directe gevolg van dit onrechtvaardige financiële systeem was de vernietiging van het normale gezinsleven en een dramatische daling van de vruchtbaarheid bij vrouwen. Volgens Aaron Russo zaten de Rockefellers achter dit duivelse plan, dat werd opgezet om vrouwen in de val van de inkomstenbelasting te lokken, de samenleving te destabiliseren en de Nieuwe Wereldorde in te voeren.[314] Zo kunnen we een onmiskenbaar verband leggen tussen woeker en demografische achteruitgang. Zelfs als het woekersysteem binnen vijf of tien jaar volledig zou worden afgeschaft, zouden deze trends op korte of middellange termijn niet gemakkelijk omkeerbaar zijn. Als de woeker blijft bestaan, moet de wereld zich voorbereiden op een periode van depressie, vergelijkbaar met de Donkere Middeleeuwen, die eeuwenlang zal duren.

In de voorgaande hoofdstukken is overtuigend aangetoond dat een staatsbankstelsel en de uitgifte van de munteenheid van een soevereine natie de enige middelen zijn om een natuurlijke orde te creëren die harmonie, vrede en welvaart garandeert, gebaseerd op de etnische onafhankelijkheid van alle volkeren.

[314] Zie https://www.youtube.com/watch?v=IdM8UN2aG_E waar wijlen Aaron Russo, een vriend van Nicholas Rockefeller, lid van de Council on Foreign Relations, ook onthult dat het tijdschrift van Gloria Steinem, *Ms. Magazine*, werd gefinancierd door de CIA.

Ondanks talrijke technologische vooruitgangen hebben de afgelopen 300 jaar een geleidelijke achteruitgang van de West-Europese beschaving gekend. De buitensporige concentratie van macht en rijkdom, uitsluitend gebaseerd op oneerlijke bankpraktijken, heeft een kleine kliek van criminele bankiers in staat gesteld de media en het onderwijs e te controleren en zo de mensheid te hersenspoelen, die even versnipperd als onnadenkend is, misleid door het oppervlakkige comfort van democratie en materialisme, terwijl ze zich overgeeft aan een orgie van wrede en zinloze oorlogen, met als enig doel het in stand houden van dit centrale banksysteem dat de culturele teloorgang organiseert die ons rechtstreeks naar onze eigen demografische uitsterving leidt.

BIJLAGE

Brief van president Abraham Lincoln

aan kolonel E. D. Taylor

Chicago

Illinois

December 1864

Kolonel E. O. Taylor,

Ik heb al lang geleden besloten om de oorsprong van de greenbacks (groene bankbiljetten) openbaar te maken en aan de hele wereld te verkondigen dat ze het geesteskind zijn van Dick Taylor. U hebt mij altijd vriendschap betoond tijdens de moeilijke tijden die we hebben doorgemaakt, en hoewel ik brede schouders heb en vastberaden ben, was ik verzwakt en omringd door zulke ongunstige omstandigheden dat ik niet wist tot wie ik mij moest wenden. Toen, in een uiterste situatie, zei ik tegen mezelf: "Laten we kolonel Taylor halen; hij zal wel weten wat te doen." Ik denk dat het in januari 1862 was, rond de 16e, dat ik dat besloot. U kwam naar me toe en ik vroeg u: "Wat kunnen we doen? U zei toen tegen mij: "Waarom geven we geen renteloze schatkistcertificaten uit, gedrukt op het beste bankpapier? We geven er genoeg uit om de militaire uitgaven te betalen en maken het tot wettig betaalmiddel. " Chase vond het een riskante onderneming, maar we hebben het uiteindelijk toch gedaan en hebben de bevolking van deze Republiek de grootste zegen gegeven die er bestaat – hun eigen papiergeld om hun eigen schuld te betalen. Dat hebben we aan u te danken, de vader van het huidige groene biljet dat de mensen zouden moeten kennen, en het doet me enorm veel plezier om dat bekend te maken. Hoe vaak heb ik u niet uitgelachen toen u mij vertelde dat ik te lui was om iets anders te worden dan advocaat.

Met vriendelijke groeten,

A. Lincoln.

Deze handgeschreven brief werd op 10 februari 1888 geverifieerd en gedocumenteerd door het 50e Congres van de Verenigde Staten.

Bancnoot van de **Federal Reserve** – Plutocratisch geld uitgegeven door de Amerikaanse particuliere Federal Reserve Bank.

Amerikaans bankbiljet – Echte munteenheid uitgegeven door de regering, die in omloop was van 1862 tot 1994. Op 4 juni 1963 vaardigde president John F. Kennedy Executive Order nr. 11110 uit, waarin hij de Schatkist opdracht gaf om voor 4 miljard dollar aan biljetten van 2 en 5 dollar te drukken, waarvan hierboven een voorbeeld is afgebeeld. Deze biljetten, gedekt door het zilver in de kluizen van de Schatkist, werden zonder schuld en zonder rente uitgegeven; waarbij de opbrengst van de seigniorage niet naar de particuliere Federal Reserve ging, maar naar de regering van de Verenigde Staten. Deze uitgifte maakte deel uit van een langetermijnplan van Kennedy om de macht van de Federal Reserve te verminderen. Op 22 november 1963 werd Kennedy in Dallas, Texas, neergeschoten door moordenaars die vermoedelijk in opdracht van Rothschild handelden.

KRITIEK VAN MATTHEW JOHNSON

Een van de moeilijkste dingen om aan studenten aan Amerikaanse universiteiten uit te leggen, is dat kapitalisme en communisme meer gemeen hebben dan op het eerste gezicht lijkt. Maar hoe je het ook uitlegt, het oude refrein dat beide ‘tegenpolen’ zijn, blijft altijd de overhand hebben. Erger nog, het is een even hopeloze als frustrerende opgave om studenten en hun verbijsterde ouders uit te leggen dat het Amerikaanse banksysteem en de industriële conglomeraten de Sovjetrevolutie hebben gefinancierd en het Sovjetindustriële apparaat volledig hebben opgebouwd.

Een eenvoudige manier om dit alles te omschrijven zou zijn te zeggen dat voor moderne bankiers staatscontrole over de gehele economie vanuit één enkele plek het paradijs is. Er is slechts één plan, één banksysteem en één sociaal systeem; dit betekent dat de banken alleen maar het geld doorsturen, terwijl ze wachten tot de staat, en niet de economie als zodanig, hen de vereiste rente terugbetaalt. Met andere woorden, de geleide economie is voor de banken het meest aantrekkelijk. Het is niet nodig om de verbanden tussen de particuliere banken en de staatseconomie aan te tonen. Het is voor een bankier net zo eenvoudig om voor de Partij te werken als voor Goldman-Sachs.

Kapitalisme en socialisme zijn gebaseerd op materialisme. Productie en nut worden als het goede beschouwd, de efficiëntie van methoden wordt gezien als de conditio *sine qua non* voor ethische overwegingen. Beide systemen zijn technologiegericht, belijden een lineaire visie op de geschiedenis en streven ernaar alle aspecten van het menselijk leven te mechaniseren. Naarmate ze zich ontwikkelen, versmelten het economische systeem en de staat tot één machine. De fout van de libertariërs is altijd geweest te geloven dat de staat en het privékapitaal tegenover elkaar staan. Terwijl het tegenovergestelde waar is. Een grote concentratie van kapitaal is altijd nauw verbonden met de staat, die zowel als bescherming als als regulator wordt gebruikt om de toegang tot de markt aanzienlijk beperkt te houden. De nederlaag van het Ministerie van Justitie tegen Microsoft in de ' ' in 2010-2012 toont de machtsongelijkheid tussen het particuliere kapitaal en de staat aan. Dit lijkt misschien een ver verwijderd onderwerp voor een studie van het banksysteem. Voor de typische hoogleraar politieke economie is dat ook zo. Maar voor degenen, zoals de heer Goodson, die jarenlang lid zijn geweest van de raad van bestuur van de Zuid-Afrikaanse Centrale Bank, lijkt het academische standpunt op zichzelf een absurditeit. De heer Goodson was allesbehalve geïsoleerd, en hij was getuige van de strakke greep op het economische leven door de gigantische bankconglomeraten over de hele wereld. Hij was er een bevoorrechte getuige van.

Dit boek is geen studie van economische technieken. Het is gelukkig een historische studie. Goodson beseft wat de meeste economen niet kunnen: dat om een economisch fenomeen te begrijpen, het moet worden beschouwd als het resultaat van decennia van historische ontwikkeling. Elk aspect van het geheel versterkt voortdurend het totaalbeeld en het geheel is zelf, als een organisme, voortdurend in ontwikkeling, naarmate de geschiedenis nieuwe uitdagingen, nieuwe projecten en nieuwe slachtoffers oplevert.

Met andere woorden, het geheime leven van de banken is niet alleen het resultaat van de wil van een groep mannen die bijeenkwamen op een eiland voor de kust van Georgia. Zij waren zelf de actoren van een historische stroming die teruggaat tot de eerste Mesopotamische beschavingen en zijn hoogtepunt bereikte in Rome. Het feit dat het geheel altijd op dezelfde waarden heeft berust, ongeacht de beschaving waarin het zich nestelde, is zo indrukwekkend dat het een grondige analyse verdient. Gezien de politieke gevolgen van een dergelijke openhartigheid moest de heer Goodson echter aftreden, aangezien maar weinig leden van de institutionele wereld de moeite zouden nemen om zijn werk te vermelden, laat staan erachter te staan.

Er is een historische constante die duidelijk uit deze studie naar voren komt: dat het essentiële onderscheid tussen monarchie en republikeinisme (in het algemeen) van economische aard is.

Republieken zijn doorgaans oligarchieën, of bevatten op zijn minst de kiemen daarvan. Monarchieën, die voortdurend in oorlog zijn met hun eigen adel, verwerpen vaak de verdenking van oligarchie. Of het nu gaat om de nationaal-socialistische partij van China of Wit-Rusland, de koninklijke bank van Sint-Petersburg of de gecentraliseerde dictatuur uit het Augustijnse tijdperk, elke vorm van sterk staatsbestuur heeft oorlog gevoerd tegen het bankmonopolie. Geen enkele autoritaire leider heeft ooit de rivaliteit van een almachtige economische bemiddelaar geaccepteerd. Natuurlijk zijn er aan beide kanten enkele uitzonderingen, maar de geschiedenis toont duidelijk aan dat sterke staten, die gebaseerd zijn op traditioneel gezag, de alchemie van geld en woeker afwijzen.

ROME

In de tijd van Cicero was Rome al snel aan het afstappen van zijn senatoriale oligarchie, op weg naar het militaire imperium van Sulla en zijn opvolgers. Het directe gevolg, toen het stof van de burgeroorlogen eenmaal was neergedaald, was dat de muntslag en de woekerrente onder controle werden gebracht. Julius Caesar trachtte de rentebetaling te beperken tot 1% per maand en, in een populistische opleving die zelden in de geschiedenis is voorgekomen, verbood hij de samengestelde rente. Bovendien mocht de opgebouwde rente nooit hoger zijn dan de oorspronkelijke hoofdsom.

In Byzantium, het Oost-Romeinse Rijk, was de rente officieel beperkt tot 5%, te nemen of te laten, maar dit kon alleen worden gehandhaafd onder een bewind van keizers met een sterke hand. Zo verwierp Basilius II alle rente en dwong hij vermogende eigenaren om arme boeren te helpen. Zijn macht, hoewel algemeen, stuitte meestal op een aristocratische reactie die vervolgens marionettenkeizers in Constantinopel aanstelde. Onder een dergelijk systeem beschikte Oost-Rome echter over een levendige en volkseconomie. Zijn munteenheid diende als algemene standaard in gebieden zo ver weg als China. De boeren waren vrije landeigenaren en feodalisme bestond niet. Er was ook geen sprake van inflatie en de bloeiende handel was altijd gunstig voor het kapitaal. Dat is de reden waarom de oligarchische staten van de, zoals Venetië, Dubrovnik en de Normandische indringers op Sicilië, de vijanden van Rome voortdurend financierden.

Na 1204, toen de Normandische kruisvaarders Constantinopel veroverden, werd de heerschappij van de Venetiaanse oligarchen een feit. Nadat ze hun financiële autonomie hadden opgegeven ten gunste van regelmatige geldinjecties uit Venetië, veroordeelden de keizers van de 14e en 15e eeuw Byzantium tot de ondergang. Nadat Byzantium alle economische onafhankelijkheid had verloren en zag hoe de immense rijkdom van het Oosten opging in de betaling van rente aan Italië, stortte het uiteindelijk in onder een door Italië gefinancierde Turkse invasie in 1453. Venetië werd de onvoorwaardelijke bondgenoot van Turkije.

Er is hier geen economisch mysterie. Waar woeker streng wordt gecontroleerd, bestaan de voortdurende vlucht en de opstapeling van rijkdom naar de bankcentra niet. Deze financiële bloeding betekent dat de waarde blijft waar ze hoort te zijn: bij de kleine ondernemers en de kleine grondbezitters. Zonder de wiskundige stijging van de rente was een klein deel van het werk van vandaag voldoende om de monetaire stabiliteit, de noodzakelijke bevoorrading en een adelstand die gedwongen was de staat te dienen in plaats van er misbruik van te maken, in stand te houden. Met het moderne woekersysteem is centralisatie onvermijdelijk, omdat de samengestelde rente voortdurend alle economische toegevoegde waarde wegzuigt, om zich vervolgens op te stapelen in de kluizen van de kliek.

ENGELAND

Engeland was in dit opzicht niet anders. Vóór de Normandische invasie beleefde het Angelsaksische Engeland, zelfs na de Vikingaanvallen, een financieel gouden tijdperk. Ook hier waren kleine geldschieters de norm, hield de stedelijke handel de prijzen laag en verhinderde het gebrek aan liquide middelen elke vorm van centralisatie. Onder een dergelijk systeem kon het feodalisme niet bestaan. Woeker werd in Mercia verboden onder Offa de Grote en de verwoede poging van Alfred d e om de macht in Wessex te centraliseren tegen de Denen, bracht hem er eveneens toe de 'diensten' van de bankiersclique af te wijzen. De Italiaanse banken waren echter zeer geïnteresseerd in de geplande aanval van Willem de Veroveraar op het bolwerk van de Angelsaksen en het uitbannen van de Scandinavische invloed in Engeland. In zijn kielzog bevond zich een klein leger van joodse slavenhandelaren, Venetianen en Romeinse bankiers. Wucher was een tijdlang toegestaan onder de Normandische hegemonie. De vroegere Engelse aristocratie werd uitgemoord en Willem de Veroveraar bracht een nieuwe adel in die nauwe banden had met Italië. Zo deed het feodalisme zijn intrede op Engelse bodem. Enkele eeuwen later zou ook Ierland de voordelen van de Normandische vooruitgang ondervinden.

Een dergelijke vooruitgang leidde in de tijd van koning Stefanus tot de oprichting van een banksysteem dat gemiddeld 33% rente rekende op gehypothekeerde gronden en 300% op kapitaal. Binnen twee generaties kwam meer dan 66% van de Engelse gronden in handen van Joodse en Italiaanse bankiers. Dit kan de voortdurende behoefte van het Plantagenet-rijk verklaren om steeds meer Franse gronden in te nemen.

Dit was het lot van het Normandische Engeland tot aan de regering van Edward I (1307), die de Byzantijnen (waar veel Angelsaksen na 1066 hadden gediend) navolgde door de rente en de opbouw daarvan strikt te beperken. Door de bankiers het land uit te zetten, luidde hij een tijdperk van welvaart in dat helaas werd verkort door de pest. Het is geen toeval dat net op het moment dat Byzantium zijn soevereiniteit aan Venetië had afgestaan in ruil voor het gebruik van zijn marine, Engeland de tegenovergestelde koers inzette tegen Italië en Rome.

Vanaf de regering van Edward I tot aan de Grote Pest bloeide Engeland. Het werkjaar bestond uit 14 weken, wat voldoende was om in de eerste levensbehoeften te voorzien. De kerkelijke kalender, in West- en Oost-Europa, vereiste tussen de 100 en 140 vrije dagen per jaar, de zondagen en de periode na Pasen niet meegerekend. Natuurlijk moest het kapitalisme een meedogenloze oorlog tegen de kerk voeren en de protestantse goedkeuring zoeken om de heilige dagen uit de kalender te schrappen. De heerschappij van de kleine eigenaar was voor het eerst sinds Edward de Belijder teruggekeerd. Helaas was dit niet de laatste keer. De Reformatie had, toen de invloed van Luther eenmaal was afgenomen, andere ideeën over geld.

Toen Hendrik VII Engeland na de Rozenoorlogen had gestabiliseerd, was de tijd voor de opkomst van de banken weer aangebroken. De Reformatie en de immoraliteit van Hendrik VIII leverden het nodige excuus. De Reformatie was een poging van de Stuarts om de macht te centraliseren, nadat de leden van de oude adel elkaar hadden uitgemoord. De kloostergronden werden geseculariseerd, er ontstond een grondmarkt en de financiering van de verre handel werd een prioriteit. Hendrik VII werd de laatste ademtocht van een machtige traditionele staat. Van Hendrik VIII tot Edward VI en vervolgens tot Elizabeth had een nieuwe oligarchie, die de pracht en praal van de monarchie als dekmantel nodig had, de macht gegrepen. Al snel, toen zij eenmaal vertrouwen had gekregen in haar rol, had zij de hulp van Willem van Oranje nodig om haar bestaan te rechtvaardigen.

Spanje, dat de islam eindelijk had teruggedrongen, wilde zich ontdoen van de Sefardische joden, de traditionele bondgenoten van het islamitische kalifaat. Het Spaanse nationalisme was onlosmakelijk verbonden met de kerk en de staat, en was voor beide een middel tot zuivering en vernieuwing. De Sefardische joden verhuisden naar Amsterdam en bouwden daar hun bankhoofdkwartier opnieuw op, waarmee ze een 'basis' van invloed creëerden die rustte op vier pijlers: de graanhandel uit de Baltische staten, de banken van Amsterdam, Constantinopel, de Turkse markt en, het belangrijkste, Polen. Dit betekende de opmars naar de moderniteit, want de graanprijzen schoten in het Westen omhoog, waardoor het Oosten gedwongen werd steeds meer te exporteren.

Onder het bewind van Elizabeth en zeker tijdens en na de Engelse Revolutie was Spanje de vijand. Het katholieke Ierland vroeg Spaanse hulp tegen de plundering van de Gaels door Engeland, iets wat Cromwell met genocidale hardheid moest bestraffen. De invoer van zilver uit de Nieuwe Wereld door Spanje vormde een bedreiging voor de heerschappij van de banken. Het bankstelsel financierde de Nederlandse rebelli tegen de Spanjaarden, terwijl de wereldpers geen middel schuwde om de aanwezigheid van Spaanse legers in Noord-Europa aan de kaak te stellen. De Britse vijanden van de bankelite keken ook naar Spanje voor mogelijke hulp.

Toen Karel I in 1645 was verslagen en Cromwell in 1653 zijn militaire dictatuur over Engeland en Ierland had gevestigd, had het bankregime zijn vijanden vernietigd en zijn positie veiliggesteld. De vreedzame bezetting van Winchester door Willem van Oranje 30 jaar later betekende dat de bankiers nu Engeland tot hun beschikking hadden om tegen Frankrijk en Spanje in te zetten. Het zal niemand verbazen dat de Jacobieten zoveel tijd en moeite hebben gestoken in het aanvallen van de bankierselite die zo fel de macht had gegrepen. Noch James I noch James II geloofden in het 'goddelijke recht', noch wilden zij hun dictatuur opleggen. Alleen Cromwell streefde naar die eer. Toch werden de Jamesen beschuldigd van alle mogelijke misdaden. James pleitte voor religieuze tolerantie, niet voor een 'Spaanse theocratie', zoals de Whigs later zouden beweren. De Whig-partij verdedigde het woekerstelsel en was als zodanig altijd de politieke beweging die op de meest felle wijze de oorlog zocht met Frankrijk, Spanje en uiteindelijk Rusland.

Het parlement, dat inmiddels het instrument van het kapitalisme en het imperium was geworden, zocht naar het minste excuus om wraak te nemen op Spanje. De 'democratie' en de 'wil van het volk' werden gelijkgesteld aan de belangen van handelaars en kooplieden. Engeland was een oligarchie geworden. Katholieke leiders mochten voor altijd worden uitgesloten van het bewind in Londen, ongeacht James' wens tot religieuze neutraliteit. De oorlog van Willem tegen Frankrijk werd gefinancierd door het gehele bankwezen van Amsterdam, iets wat Willem van Oranje zelf duidelijk toegaf toen hij probeerde een huwelijk te regelen met een Stuart die kinderloos moest blijven.

OEKRAÏNE EN POLEN

Het is zeker geen toeval dat het bewind van Cromwell en de langzame genocide op de Ierse verzetsstrijders en de Engelse jakobieten plaatsvonden terwijl zich aan de andere kant van het joodse 'handelsgebied' een tegenbeweging ontwikkelde. De bevolkingsgroei in het westen, evenals de geleidelijke centralisatie van de staten, leidden tot een toename van de vraag naar graan. Dit betekende onder andere dat de adel de lijfeigenschap van de boeren moest intensiveren en een groter deel van de productie aan de export moest besteden.

De Poolse adel had de Joden het monopolie gegeven op de handel over land, het stadsleven, de huurmarkt en de alcoholhandel. De officiële historische bronnen van de Oekraïense geschiedenis moeten dit allemaal toegeven. De machteloze Poolse monarchie probeerde de macht terug te winnen, zoals elders het geval was, door een alliantie aan te gaan met de steden. De Poolse edelen beschouwden dit als een bedreiging en wierpen hier een stokje voor door Khazaarse Joden te verwelkomen die op zoek waren naar een nieuw thuisland na de val van Italië eeuwen eerder. Niet alleen vonden ze die, maar hun officiële macht en succes bereikten een zodanig niveau dat rabbijnse beweringen dat de^{17e}eeuw een 'messiaans' tijdperk was, wijdverbreid waren. In feite was dit een trommelslag die aankondigde dat de tijd van de verlosser nabij was. In plaats daarvan kregen ze te maken met de opstand van de Kozak-hetman Bogdan Khmelnytsky. De opstand van Khmelnytsky was het tegenovergestelde van die van Cromwell. De Kozakken vochten tegen een al lang bestaande oligarchie, terwijl Cromwell er juist een wilde vestigen.

De opkomst van Khmelnytsky in 1648 was de enige gebeurtenis die het Oekraïense nationalisme voor altijd heeft bepaald. Niets was meer zoals voorheen. Polen stond op instorten. De Joden moesten vluchten om hun leven te redden. De Krim-Tataren slaagden erin zich te bevrijden van de Turkse overheersing. Rome was in paniek, omdat zijn kerken, die al lang in verband werden gebracht met woeker, door de

Kozakken in brand werden gestoken, die zich herinnerden dat deze een eeuw eerder waren gebouwd op de ruïnes van orthodoxe kerken. Rome, dat nog steeds wankelde onder de reformatorische ver, werd nu ook geconfronteerd met zijn verdwijning in het oosten. De patriarch van Jeruzalem, Paisios, kroonde hetman Khmelnytsky tot "monarch van heel Rusland". Rusland, Wenen, Pruisen en Parijs waren nu in staat hun macht te centraliseren en Rome te trotseren. Rusland koesterde bijzondere wrok jegens Rome, omdat het pausdom in 1256 een kruistocht tegen Noord-Rusland had afgekondigd, de Mongoolse expansie had gefinancierd en de Poolse aanval op Oekraïne als een 'heilige oorlog' had bestempeld. Hoewel Parijs en Wenen katholiek bleven, ging het om een nationaal katholicisme, waarbij de kroon, en niet Rome, de aartsbisschoppen begon te selecteren. Dit zou niet lang duren.

Rome zorgde ervoor dat de Krim-Kristenen werd aangeraden de orthodoxe Slaven in de steek te laten. De dood van Herman Khmelnytsky in 1657 leidde tot een verdeeldheid binnen het Kozakkenleger, tussen de hetmans en de twee oevers van de Dnjepr. Hetman Ivan Vyhovsky en Pavlo Teteria zochten een Pools bondgenootschap, terwijl Briukhovetsky zich in het oosten tot Moskou wendde en Doroshenko, in wanhoop, naar de Turken trok. In 1708 zocht hetman Ivan Mazepa de Zweden op. Er volgde een ramp en onder Oekraïense historici wordt deze periode aangeduid als de "ondergang".

Naarmate Rusland dichter bij de Dnjepr kwam, raakte Wenen gealarmeerd door de mogelijke russificatie van het grootste deel van Oost-Europa (inclusief de Balkan) en mobiliseerde het zijn krachten daartegen. Nu het weer wat speelruimte had, hervond Polen zijn vroegere stabiliteit en keerde de adel terug naar het land. Een eeuw later leidde de Kozakkenopstand van Haidaimak tot het ondenkbare: het verdrag van "eeuwige vriendschap" (d.w.z. de Wapenstilstand van Andrusovo, 1667) tussen Polen en Rusland, waarbij Oekraïne in twee afzonderlijke rijken werd verdeeld. De Haidaimak-opstand werd de kop ingedrukt door een gezamenlijke inspanning van Moskou en Krakau en alles werd weer precies zoals vóór 1648.

Net als in Engeland was de samenleving onder het

Kozakkenbewind verdeeld in graafschappen, bestuurd door een lokale democratie die blijk gaf van een totaal gebrek aan belangstelling voor woeker. De typische resultaten van de ' ' volgden: de traditionele Slavische gemeenschappen kwamen weer tot bloei en dit leidde tot politieke en economische stabiliteit. De langzame opkomst van de door Sint-Petersburg gefinancierde Kozakkenaristocratie leidde tot de vestiging van een oligarchie, waardoor Catharina II halverwege de 18e eeuw gemakkelijk voorgoed een einde kon maken aan de Hetmanaten.

DE VERENIGDE STATEN

De gedecentraliseerde koloniën van de VS waren over het algemeen welvarend. Overvloedige grond, uitstekende havens en een sterke pioniersgeest zorgden ervoor dat er vanuit het niets een geavanceerde wereld ontstond. Toen Benjamin Franklin naar al deze verschijnselen werd gevraagd, maakte hij zijn beroemde opmerking:

> "Het is heel eenvoudig. In de koloniën geven we ons eigen geld uit. Dat heet het koloniale script. We geven het uit in verhouding tot de vraag van de industrie en de handel om de overdracht van producten van producenten naar consumenten te vergemakkelijken. Op deze manier, door zelf ons eigen papiergeld te creëren, controleren we de koopkracht ervan, zonder aan iemand rente te hoeven betalen." (Benjamin Franklin, Londen, 1763)

Met uitzondering van de verfoeilijke Alexander Hamilton waren de grondleggers van Amerika, hoewel ze het over bijna alle andere onderwerpen oneens waren, eensgezind wat betreft de banken. Het was een verafschuwd domein. De waarde van de dollar bleef stabiel tot 1917. De cycli van zeepbellen en crises sinds de Burgeroorlog, de enorme toename van de federale macht, de Eerste Wereldoorlog en de vorming van het Amerikaanse imperium hielpen echter de weg vrijmaken voor de oprichting van de particuliere kliek van de Federal Reserve in de Verenigde Staten. (De term "federaal" moet in dit geval worden opgevat als vergelijkbaar met die van "Federal

Express").

Feit is dat de vrees van de anti-federalisten gegrond was: de Amerikaanse regering in Washington was uiterst machtig, arrogant en volledig losgekoppeld van de Amerikaanse bevolking geworden. Ze stond al lang onder de invloed van een ontluikende oligarchie die al snel de vorm aannam van de Fed, het Rockefeller-imperium, de Carnegie-cultus en de staat van oorlog die tijdens de Spaans-Amerikaanse Oorlog en in de laatste maanden van de Eerste Wereldoorlog was getest.

Van 1914 tot 1920 stegen de prijzen met 125%, zoals Goodson zo treffend beschrijft. De dollar verloor in zes jaar tijd bijna 60% van zijn waarde. Tegelijkertijd daalde de waarde van de federale schatkistcertificaten met 20%, waardoor de oude certificaten duurder werden. Toch eisten de banken de terugbetaling van de goedkopere nieuwe certificaten, wat natuurlijk betekende dat het geld verschuldigd was.

Er ontstond nog meer instabiliteit toen de prijzen van spoorwegen en andere vervoersmiddelen omhoogschoten. De kleine boerenbedrijven, die vroeger de ruggengraat van de Amerikaanse welvaart vormden, werden langzaam economisch onhoudbaar, voordat ze definitief verdwenen. Dit betekende in de praktijk een enorme overdracht van rijkdom van het platteland naar de steden. De landbouwproductie stortte met 50% in. De oorlog tegen het platteland van Amerika was uitgebroken en was nog lang niet ten einde. Het tekort werd al snel opgevangen door de agribusiness, mogelijk gemaakt door een centralisatie van kredietverlening die gericht was op de financiering van grotere conglomeraten, die als veiliger werden beschouwd dan kleine structuren.

In 1927 verlaagde de Fed haar rente en vergrootte zo de geldhoeveelheid. Maar dit was de tijd van de 'roerige jaren', het begin van een oligarchie die openlijk optrad, als een zelfverzekerde entiteit zonder enige serieuze tegenstand. Dit betekent dat geld werd beschouwd als een waarde op zich, los van de reële productie. Het geld vloeide naar de aandelenmarkt, waardoor de vraag vertienvoudigde en de prijzen opbliezen. De marges werden vergroot door schulden, en de prijs-inkomstenverhouding steeg tot 50:1, wat betekent dat de aandelenkoersen veel hoger waren dan de productiecapaciteit van het betrokken kapitaal. Anders gezegd: de aandelenkoersen hielden geen verband met de financiële gezondheid van de betrokken bedrijven, de productiviteit van kapitaal of arbeid, noch met de daaruit voortvloeiende toegevoegde waarde.

Zo was de Amerikaanse aandelenmarkt in 1927 een schijnvertoning. De koersen weerspiegelden speculatieve investeringen, gemakkelijk geld en de perceptie – die een psychiatrisch raadsel blijft – dat een dergelijke valse groei eeuwig zou duren. De financiële levensvatbaarheid van de bedrijven deed er niet toe. In 1929 verhoogde de Fed haar rentevoeten tot 6%. Het signaal was duidelijk: de aandelenmarkt als geheel zag haar waarde met 83% dalen. 10.000 banken gingen failliet en de makelaars, die werkten met schuldenbubbels, werden geruïneerd.

RUSLAND

De Russische welvaart en economische groei begonnen met de bevrijding van de lijfeigenen door Alexander II in 1861. De lijfeigenen die onder directe controle van de staat stonden, waren al eerder bevrijd door tsaar Nicolaas I. Zoals zo vaak het geval was, waren de meest autocratische vorsten de enigen die de moed hadden om de elites te omzeilen en wetten ten gunste van de boeren op te leggen. In tegenstelling tot de vrijlating van de Oostenrijkse lijfeigenen enkele jaren eerder en de bevrijding van de zuidelijke slaven door Lincoln, kregen de Russische lijfeigenen tegelijk met hun vrijheid ook land. De staat vergoedde de adel en na verloop van tijd konden de boeren de staat terugbetalen. De aflossingen waren erg laag en tsaar Nicolaas II schrapte ze allemaal in 1905. Dit was slechts een nieuwe nagel aan de doodskist van de adel.

De Russische lijfeigenen waren nooit slaven geweest. De lijfeigenschap, een reactie op de Poolse en Zweedse invasies in de 17e eeuw, had alleen gevolgen gehad voor de boeren in de zwarte-aardegebieden van Zuid-Rusland. In het noorden en in

Siberië had zij nooit bestaan. In Centraal-Rusland gold het alleen voor lijfeigenen die bepaalde taken moesten verrichten als betaling voor bewezen diensten of verbruiksgoederen. Maar vanaf 1840 betaalden de meeste boeren pacht, wat betekende dat ze geen lijfeigenen meer waren. De lijfeigenschap in Rusland betekende voor een boer in feite de garantie op het bezit van de grond die hij nodig had om te overleven en tegelijkertijd de garantie op een stabiel inkomen, omdat zij rechtstreeks de staat dienden, met name door het leveren van militair personeel als ' '. Omdat iedereen in dienst stond van iedereen, was het systeem in evenwicht. Onder tsaar Paul en zijn moeder, Catharina II, werden de edelen bevrijd van de dienst aan de staat en werden zo politiek machteloos.

De boeren genoten een autonoom bestuur binnen de gemeenten, waar alle functies via verkiezingen werden ingevuld. Ook de *volost*, oftewel het districtsbestuur, werd gekozen, met een gelijke vertegenwoordiging van alle sociale klassen. Het rechtssysteem op het niveau van de *volosts* en de gemeenten was gebaseerd op de uitoefening van een zuivere boerendemocratie. De rechters van de gemeente waren uitsluitend leden van de boerenstand en de *volost-rechtbanken* bestonden uit twee edelen en twee vertegenwoordigers van de boeren. Over het algemeen verkeerde de Russische adel in een slechtere financiële situatie dan de boerenstand, gebukt onder schulden en al lang vrijgesteld van staatsdienst. Ze had niets anders te doen dan westerse luxegoederen te kopen die haar budget te boven gingen. De boerengemeenten hadden het recht om federale wetten ongedaan te maken en waren over het algemeen volledig zelfvoorzienend. Als Rusland ergens onder leed, dan was het wel onder een overdaad aan democratie!

In 1861 werd de *volost* vervangen door de *zemstvo*, een krachtig systeem van graafschappen met een lagere kamer van boeren en een hogere kamer van edelen, die meestal arm waren. De *zemstvo* was verantwoordelijk voor het onderwijs, de openbare infrastructuur, het kerkelijk leven, de belastinginning en de politie. Er was geen enkel aspect van het boerenleven dat niet op lokale democratie berustte. Een 'landkapitein', meestal een arme edelman, werd gekozen om te bemiddelen in conflicten tussen boeren en edelen, en soms wendden de boeren zich tot de kapitein als ze een klacht hadden tegen de gemeente of de autoriteiten van *het zemstvo.* Politiek gezien waren de edelen vanaf 1850 machteloos geworden.

Zo maakten de bevrijding van de lijfeigenen, de oprichting van de vrije pers en het *zemstvo,* en een groot aantal onderwijshervormingen een einde aan het revolutionaire proces, dat bijna volledig vanuit Groot-Brittannië werd gefinancierd. De anonieme hand, die dit als onaanvaardbaar beschouwde, liet Alexander II in 1881 vermoorden. Zijn zoon, Alexander III, zette het door zijn vader ingezette hervormingsprogramma voort en als man met een sterke hand en vastberadenheid verpletterde hij de revolutionaire beweging tot aan zijn dood in 1894.

Tsaar Alexander III richtte begin 1880 de Boerengrondbank op, die renteloze leningen aan boeren verstrekte, omdat hij investeringen wilde kanaliseren om deze in te zetten voor de verbetering van de landbouwomstandigheden. Tsaar Alexander en zijn minister van Financiën, Nikolaj Bunge, bedachten en voerden de meest uitgebreide arbeidswetgeving in de Europese geschiedenis in. Zijn zoon, Nicolaas II, breidde deze voortdurend uit tot het uitbreken van de Eerste Wereldoorlog.

> "De Russen waren pioniers op het gebied van het arbeidsrecht. Kinderarbeid werd meer dan 100 jaar eerder afgeschaft dan in Groot-Brittannië in 1867. Rusland was het eerste geïndustrialiseerde land dat wetten aannam die de werktijden in fabrieken en mijnen beperkten. Stakingen, die in de Sovjet-Unie verboden waren, waren in de tijd van de tsaar toegestaan, maar kwamen zelden voor. Vakbondsrechten werden in 1906 erkend, terwijl een arbeidsinspectie de arbeidsomstandigheden in de fabrieken streng controleerde. In 1912 werd een sociale zekerheid ingevoerd. De arbeidswetgeving was zo vooruitstrevend en humaan dat de president van de Verenigde Staten, William Taft, verklaarde: "De keizer van Rusland heeft een arbeidswetgeving uitgevaardigd

> die dichter bij de perfectie ligt dan die van welk democratisch land dan ook.De volkeren van verschillende rassen die binnen het Russische Rijk leefden, genoten een gelijkheid van status en kansen die in de moderne wereld zijn weerga niet kent. Zijne Keizerlijke Majesteit, tsaar Nicolaas II (1894-1917), en zijn staatsbank hebben een paradijs voor arbeiders gecreëerd dat in de geschiedenis van de mensheid zijn weerga niet kent." (Goodson)

Hier is geen mysterie. De Duitse keizer, een even autocratische ' ', voerde soortgelijke wetten in. In beide gevallen bedroeg de economische groei in de landbouw- en industriesector gemiddeld 15%. Het aantal inwoners explodeerde, en in het geval van Rusland kregen de boeren gratis land en nieuw gereedschap in Zuid-Siberië (niet in het bevroren noordelijke deel), om deze uitgestrekte lege ruimte, ongeveer twee keer zo groot als de Verenigde Staten, te koloniseren. In 1905 was 90% van de Russische landbouwgrond in handen van de boeren. Geen enkele andere geïndustrialiseerde samenleving kon met deze maatregelen concurreren. De boeren kochten massaal land van de edelen, want Rusland was tegelijkertijd volledig zelfvoorzienend. De binnenlandse markt nam bijna 99% van de productie voor zijn rekening en het land had geen goederen uit het buitenland nodig. Het enige wat het van het Westen kreeg, was de revolutie…

Verder naar het zuiden vroeg Georgië om Russische bescherming als een schild tegen zijn islamitische buren. De13eDalai Lama van Tibet, Thubten Gyamtso, verzocht tsaar Nicolaas II zijn land onder Russische bescherming te plaatsen om de boeddhistische monarchie te redden van de ondergang door Brits opium. Verschillende Russen dienden als voogden voor de Tibetaanse edelen en de Dalai Lama zelf. Rusland werd beschouwd als de redder van allen die tegen het Chinese en Britse imperialisme streden.

Tsaar Nicolaas II was geneigd oorlog te voeren tegen Mantsjoerije, omdat China de boeddhistische bevolking in het westen en de Tibetanen onder zijn juk hield. Ook enkele miljoenen moslims bevonden zich onder het juk van het

Chinese Mantsjoerije. Rusland werd de "Witte Verlosser" genoemd, zoals al lang door Chinese wijzen was voorspeld. De ontdekking van olie in Bakoe, in het huidige Azerbeidzjan, dat destijds deel uitmaakte van het Russische Rijk, maakte de situatie in de ogen van de Britten alleen maar erger. De Rothschild-dynastie had Rusland de oorlog verklaard, de Russische revolutionairen gefinancierd en, nog belangrijker, een anti-Russische alliantie bevorderd.

Het Rothschild-bondgenootschap werd grotendeels gevormd als reactie op het Russische succes. Het was gebaseerd op de financiering van Turkije, de Turkse stammen in Zuid- - Rusland, Perzië en, wat nog zorgwekkender was, Japan. De Turkse bezetting van de Balkan kreeg de goedkeuring van de Rothschilds, want zonder Turkije zouden pro-Russische staten zoals Servië en Bulgarije het vacuüm opvullen. De Britse pers feliciteerde de Turken met het feit dat ze zich hadden bevrijd van het "orthodoxe bijgeloof" en beschouwde de Russen als "Mongolen" wier "tanden" uit de Balkan moesten worden gehouden.

Rusland hielp Bulgarije en Servië financieren, in een poging China te verenigen zodra de Mantsjoe-staat was gevallen. Met zijn indirecte protectoraat over Tibet en de toevoeging van de geletterde en verstedelijkte Georgische staat begon zich een wankel machtsevenwicht te vestigen tussen het paradijs van de bankiers en het paradijs van de arbeiders. Helaas was Japan een betere gok dan China. Rusland steunde Afghanistan tegen Engeland in de Anglo-Afghaanse Oorlog van 1879-1880, maar dat was niet zo effectief als de herbewapening van Japan onder de bescherming van de Royal Navy.

Als Rusland niet had deelgenomen aan de Eerste Wereldoorlog, wat zou dan het resultaat zijn geweest? Een realistisch scenario zou er als volgt uitzien: de snelgroeiende Russische bevolking zou heel Siberië en een deel van Centraal-Azië hebben herbevolkt. Rusland zou de Balkan en Constantinopel hebben veroverd, waarschijnlijk met de zegen van Duitsland. Dit zou Rusland in staat hebben gesteld het grootste deel van het Midden-Oosten te veroveren, of op zijn minst de beschermer van de Grieks-orthodoxen en Arabieren te worden. Duitsland zou het nut hebben ingezien van een alliantie met Rusland in plaats van met Wenen. De Russische en Duitse belangen, hun ideologische en politieke systemen leken sterk op elkaar. De Russische alliantie met zijn oude vijand, Engeland, had voor Rusland weinig politieke betekenis, maar het in toom houden van de Duitse expansie was vanaf 1910-1913 de prioriteit van Londen. Duitsland besefte dat zijn alliantie met Oostenrijk-Hongarije het zou dwingen deel te nemen aan elk conflict waarin Wenen betrokken zou raken. Dit zou de Duitse belangen niet dienen. De slechte militaire prestaties van Oostenrijk tijdens de oorlog, evenals de instabiliteit van zijn economie, waren de redenen die Duitsland ertoe dwongen zijn strijdkrachten over twee fronten te verdelen.

De groeiende nieuwe olievoorraden van Rusland, zijn immense voorraad aan natuurlijke hulpbronnen, zijn binnenlandse markt en zijn industriële kapitaal zouden het mogelijk hebben gemaakt een protectoraat over China en zeker over heel Zuidoost-Azië te financieren. Het grootste deel van Centraal-Azië, dat onder Chinese controle stond, zou zich ook onder Russische bescherming hebben geschaard, zo niet onder Russische bezetting. In vergelijking met het Engelse kolonialisme was de Russische expansie nooit uitbuiting, maar verdediging.

Deze markt, deze economische groei en deze voortdurende bevolkingsgroei zouden de overige wereldmachten naar Rusland hebben getrokken. Het zou, militair gezien, als onneembaar zijn beschouwd. Gericht op het oosten in plaats van het westen, zou het geen bedreiging zijn geweest voor het Europese machtsevenwicht. Een alliantie met Duitsland zou het lot van Europa als royalistische, traditionele en christelijke macht hebben bezegeld. Wenen zou machteloos zijn geweest en zou zo zijn geschillen met Duitsland zijn gaan bijleggen, omdat de Duitsers van het keizerrijk toenadering tot Wenen zouden zoeken en de Slavische bevolking zich tot Rusland zou wenden. Een boos en expansionistisch Hongarije zou nooit hebben kunnen ontstaan, omdat het voortdurend in oorlog zou zijn geweest met zijn even boze minderheden.

De orthodoxe kerk zou een gewillige bondgenoot hebben gevonden in het Duitse (royalistische) lutheranisme en de groeiende oude katholieke beweging. Als Rusland en Griekenland zich, zoals verwacht, bij dit schisma met de rooms-katholieke kerk hadden aangesloten, zou de oude katholieke kerk aanzienlijk zijn gegroeid. Er bestond al een groeiende belangstelling voor de orthodoxe traditie onder conservatieve anglicanen en sommige lutheranen.

Het grootste deel van West-Canada zou onder Russische controle zijn gekomen via de bevolking van Alaska, wier positieve interacties met de bewoners van de Aleoeten-eilanden Rusland hadden veranderd in een welkome, in plaats van imperialistische, aanwezigheid. Russische bedrijven waren al aanwezig in Hawaï en zouden de monarchie daar hebben beschermd. De VS hebben de omverwerping van het Hawaiiaanse koningshuis gefinancierd. Gezien het goede imago van Rusland in het grootste deel van Azië is er geen reden om aan te nemen dat het Hawaiiaanse koningshuis (en de andere staten in de Stille Oceaan) niet eveneens de voordelen van een verre maar machtige beschermer zouden hebben ingezien.

Het Russische imperialisme was niet op winst uit, zoals dat van het Britse Rijk. Het was defensief van aard. De inheemse bevolking werd doorgaans goed behandeld en werd, net als de Armeniërs en de moslims in Azië, nooit gedwongen zich tot de orthodoxie te bekeren of Russisch te spreken. Ze zwoeren trouw aan de tsaar en op de Koran. Polen kreeg een van de meest liberale grondwetten ter wereld, en Finland, een andere kolonie van Rusland, bleef volledig onafhankelijk, behalve op het gebied van het buitenlands beleid. Er is dus geen enkele reden om te beweren dat de Russische keizerlijke heerschappij ook maar enige wrok zou hebben kunnen oproepen, of zelfs maar als een "overheersing" in de letterlijke zin van het woord zou kunnen worden beschouwd.

Vandaag de dag lijkt dit een nauwelijks voorstelbare fantasie. Maar gedurende een bepaalde periode, vóór het bloedbad van de Eerste Wereldoorlog, werd dit in Sint-Petersburg en Londen als een haalbare realiteit beschouwd. Goodson geeft een overzicht van hoe dit mogelijk zou zijn geweest:

> "Op 12 juni 1860 werd de Staatsbank van het Russische Rijk opgericht met als doel de handelsinkomsten te stimuleren en het monetaire stelsel te versterken. Tot 1894 was zij slechts een hulpinstituut onder directe controle van het Ministerie van Financiën. In dat jaar werd zij omgevormd tot bankier der bankiers en werd zij het instrument van het economisch beleid van de regering. Zij sloeg en drukte de munten en bankbiljetten van de natie, regelde de geldhoeveelheid en verstrekte via het netwerk van handelsbanken kredieten tegen lage rentevoeten aan de industrie en de handel." (Goodson over Alexander II)

De tegenstanders van de Pax Russica bleven niet werkeloos. Sint-Petersburg was, ondanks al zijn problemen, een harde kern die niet door het bankregime kon worden gebroken. Als Rusland zijn massale ontwikkeling, bevolkingsgroei en industrialisatie zou voortzetten, zou de woekerhandel ten onder gaan. De Russische staat, meer nog dan het particuliere kapitaal, plande en stuurde de investeringen aan met behulp van lokale middelen. De Fransen vormden de enige substantiële buitenlandse aanwezigheid binnen de Russische industrie. Als dit zou worden vervangen door Russisch-Duitse samenwerkingsprojecten, zou de woeker ernstig worden bedreigd. Er moesten maatregelen worden genomen. Om de lezer een idee te geven van wat die maatregelen zouden kunnen zijn, citeert Goodson de toespraak van congreslid L. T. McFadden in het Huis van Afgevaardigden in 1932:

> "Zij [de 'Europese' bankiers] hebben de massabijeenkomsten van Trotski in New York gefinancierd om ontevredenheid en rebellie te zaaien. Zij hebben de reis van Trotski van New York naar Rusland betaald, zodat hij kon deelnemen aan de vernietiging van het Russische Rijk. Ze hebben de Russische Revolutie aangewakkerd en uitgelokt en ze hebben Trotski aanzienlijke bedragen ter beschikking gesteld in een van hun bankfilialen in Zweden, zodat via hem de Russische gezinnen volledig zouden worden vernietigd en de

> Russische kinderen zouden worden gescheiden van hun natuurlijke beschermers. Sindsdien zijn ze begonnen met hun onderneming om Amerikaanse gezinnen te vernietigen en Amerikaanse kinderen te verspreiden."

McFadden werd het zwijgen opgelegd. Net als de heer Goodson. De auteur verloor er een universitaire functie. Er is geen gevoeliger onderwerp dan woeker, want geen enkele macht kan tippen aan die van samengestelde rente. Links is een uitvloeisel van de banken, en het grootste deel van de 'rechtse' neoconservatieven eveneens. De monarchie werd door deze belangen omvergeworpen en vervangen door een wereldwijde oligarchie, die volgens bronnen tot 80% van het mondiale bbp controleert. Dit alles gebeurt uiteraard in naam van vrijheid, vooruitgang en democratie.

We zijn dit lange essay begonnen met het concept van woeker en het feit dat de westerse banksector zich zeer op zijn gemak voelt met het linkse etatisme. We hebben de kwestie uitgebreid behandeld en uitgelegd waarom en hoe deze duivelse alliantie tot stand is gekomen. Ze is nog steeds actueel en ondervindt vrijwel geen tegenstand. Toch zijn er reacties, zij het vaag, tegen de geleidelijke monopolisering van rijkdom en arbeid.

Goodson eindigt niet op een negatieve noot. Hij sluit zijn betoog af met een kort overzicht van de situatie in North Dakota. Alsof de lezer nog meer bewijs nodig had van de destructieve tendensen van woeker en het fractioneel reservesysteem. North Dakota heeft een staatsbank opgericht waarin de inkomsten van de staat worden gestort. Deze bank verstrekt leningen tegen zeer lage rentetarieven aan boeren en kleine bedrijven. Alle winsten vloeien terug naar de staat. Zonder deze praktijk van samengestelde rente die aan de burgers in rekening wordt gebracht, is North Dakota niet getroffen door de vastgoedcrisis van 2007. Het bbp van de staat is sinds 1997 met bijna 100% gegroeid, terwijl het inkomen per huishouden in dezelfde periode met 140% is gestegen.

Terwijl de media het standpunt verdedigden dat het succes van North Dakota uitsluitend te danken was aan zijn kleine olie-industrie, heeft een dergelijke ontwikkeling zich zeker niet voorgedaan in Alaska, dat nochtans over veel meer koolwaterstofbronnen beschikt dan North Dakota. Nigeria zwemt in de olie, en toch blijft het een arm land. Ook Somalië en Tsjaad beschikken over rivieren van olie, net als Indonesië en Myanmar, maar al deze staten zijn even arm. Blijkbaar komt de olie alleen ten goede aan North Dakota en de rijken van Beverly Hills.[315]

De belangrijkste kracht van Goodsons boek is inderdaad de relevantie ervan. Hij verdedigt een stelling: waar een staatsbank de financiële wereld van een economie aanstuurt, bloeit die economie. Zijn analyse van het Duitsland van de jaren 1930, het Italië van het begin van de 20) en van Japan toont al deze landen onder de vleugels van door de staat gecontroleerde banken, lage rentetarieven, overheidsinvesteringen en een algemene minachting voor de libertarische vrijhandel. Dit systeem heeft deze landen in staat gesteld om groeicijfers met drie cijfers, een onbestaande werkloosheid en een inflatie dicht bij nul te kennen. Tegenwoordig zijn China, Taiwan en Wit-Rusland hiervan de beste voorbeelden.

Wit-Rusland begon, net als Oekraïne en Rusland, te verkommeren toen het IMF en de Universiteit van Harvard dit maffia-achtige systeem hielpen bij het sluiten van privatiseringsovereenkomsten, die uiteindelijk een van hun presidenten, Alexander Loekasjenko, dwongen de privatiseringen stop te zetten, de macht te centraliseren en de financiële sector te nationaliseren. Terwijl het huidige Oekraïne 70% van zijn industrie heeft verloren en 80% van zijn hoogopgeleide bevolking onder de armoedegrens ziet zakken, bedraagt de werkloosheid in Wit-Rusland 1% en kent de industrie sinds 2000 een jaarlijkse groei van 10%. Hetzelfde geldt voor de twee China's: toen George Soros de twee monetaire crises van 1997 veroorzaakte, waren de enige twee economieën die niet werden getroffen, de enige die beschikten over door de staat gecontroleerde banken, namelijk Taiwan en

[315] N.d.T. Verwijzing naar een beroemde Amerikaanse televisieserie.

China. Voormalige grootmachten zoals Zuid-Korea en Japan, evenals Thailand, zijn officiële pionnen van het IMF geworden. Hun systeem van levenslange werkzekerheid is afgeschaft en hun levensstandaard is ingestort.

Vóór de oorlog die hun respectieve staten verwoestte, vertoonden ook Libië en Syrië een jaarlijkse groei met dubbele cijfers, hadden ze populaire presidenten en stonden beide landen op het punt de status van de ontwikkelde wereld te bereiken. Beide landen beschikten over door de staat gecontroleerde banken en door de staat aangestuurde productieve investeringen. De staat was een partner in strategische investeringen, en geen verlengstuk daarvan. Het Irak van Saddam Hoessein deed precies hetzelfde, totdat de VS hem de oorlog verklaarden.

De Birmese staatsbank staat onder controle van het ministerie van Financiën en wordt geleid door generaal-majoor Hla Tun, die een westerse financiële opleiding heeft genoten. Zijn plaatsvervanger is kolonel Hle Swe. De Birmezen laten geen ruimte voor buitenlandse manipulatie van hun munteenheid. De Birmese bodem, rijk aan ge olie en mineralen, de banden van Birma met China en het hoge opleidingsniveau van de bevolking maken het land steeds meer tot een doelwit voor westerse speculatie en politieke aanvallen. Ondanks de burgeroorlog, de westerse sancties en de separatistische bewegingen is het land er toch in geslaagd om 10 universiteiten en tientallen stuwdammen te bouwen, het alfabetiseringsniveau met 80% te verhogen en ervoor te zorgen dat de boeren sinds 1999 eigenaar zijn van hun land. Als de lezer hierin een bepaald economisch model herkent, heeft hij ongetwijfeld gelijk.

Het werk van Goodson is niet vrij van gebreken. Zijn fouten zijn echter van ondergeschikt belang. Hij beweert dat Gavrilo Princip joods was en dat zijn moord op aartshertog Ferdinand de Eerste Wereldoorlog veroorzaakte. Princip werd er niet van verdacht joods te zijn, vooral omdat hij afkomstig was uit het diepe westen van Bosnië, uit het arme boerendorpje Obljaj, een volstrekt landelijke en ontoegankelijke plek. Hij was het kind van arme boeren van Bosnisch-Servische afkomst. De meisjesnaam van zijn moeder was de zeer orthodoxe: Misic. Noch zijn vader, noch zijn moeder droegen joodse namen, en het bescheiden werk van zijn vader bij de postdienst wijst echt niet op een afkomst uit een ‘elitair bankmilieu’. Princip maakte deel uit van de beweging 'Jong Bosnië', die losjes verbonden was met de militaire vereniging 'De Zwarte Hand', ook bekend onder de naam 'De Unie of de Dood'. Dit was een nationalistische organisatie bestaande uit paramilitaire leden, die geen banden had met de weinige joden die in die tijd in Servië woonden. Zijn uitgebreide familie draagt de naam Jovicevic en is afkomstig uit Montenegro, waar zeer weinig joden wonen.

De moord op Ferdinand was niet de aanleiding voor de Eerste Wereldoorlog. Servië had na de moord ingewilligd aan de eisen van Wenen, en ook Duitsland was onder de indruk van het streven van Servië naar vrede. Servië was volledig uitgeput door de Balkanoorlogen en wilde niet meer vechten. Bovendien was de keuze van het doelwit volkomen onlogisch; Ferdinand was min of meer populair onder de Zuid-Slaven omdat hij werd beschouwd als de meest pro-Servische lid v s koninklijke familie. Oostenrijk daarentegen was op zoek naar een *casus belli* sinds de lokale opstand tegen zijn bezetting van Bosnië en de kunstmatige oprichting van de "staat Albanië", die diende om Servië van zijn kustlijn af te snijden en het gescheiden te houden van Montenegro.

De omstandigheden van het bezoek van de groothertog waren vreemd. Ferdinand bezocht Servië en Bosnië op de Servische nationale feestdag, *Vidovdan,* toen de nationalistische stemming op zijn hoogtepunt was. Het was ook het begin van zeer oorlogszuchtige militaire manoeuvres. Ferdinand beschikte niet over een beveiligingsapparaat dat paste bij een koninklijk bezoek aan vijandig gebied. De route van Ferdinands konvooi werd op onverklaarbare wijze omgeleid door zijn eigen Oostenrijkse personeel, naar de plek waar Princip en anderen op hem wachtten. Tot groot ongenoegen van Duitsland had Wenen echter, nog voordat het Servische antwoord op het Oostenrijkse ultimatum was ontvangen, al de oorlog verklaard.

Deze twee fouten hebben weinig invloed, maar ze komen vaak voor en zijn begrijpelijk en moesten worden benadrukt. Dit doet niets af aan de enorme toegankelijkheid en het nut van zijn boek, dat een brede verspreiding verdient. Om al deze redenen sta ik van harte achter het werk van de heer Goodson.

Matthew Johnson PhD
Fayetteville, Pennsylvania

RECENSIE VAN TOM SUNIC

In het Europese volksbewustzijn is geld altijd geassocieerd met iets smerigs, iets crimineels, iets dat de Europese mens onwaardig was, iets dat alleen gewaardeerd werd door een vreemd, ver en geheim volk. Van de oudheid tot het postmoderne tijdperk zijn er talloze boeken geschreven over de vloek van het geld en het vervloekte goud. We moeten denken aan koning Croesus, of aan de vloek van koning Midas, of aan het wijdverbreide bloedbad in de middeleeuwse Nibelungensaga, waarvan het verhaal draait om het verborgen goud in de Rijn en het leed dat dit goud veroorzaakt.

Zoals Goodson ons in zijn boek herinnert, hebben de obsessie met virtueel geld en de praktijk van woeker, evenals de rol van goud, vandaag de dag niets van hun dodelijke karakter verloren. Sterker nog, veel moderne financiële transacties en talrijke frauduleuze mondiale economische praktijken, aangewakkerd door deze dorst naar goud, zijn zelfs nog dodelijker geworden en bedreigen ditmaal niet alleen het voortbestaan van de westerse beschaving, maar dat van de hele mensheid.

Allereerst moet duidelijk worden vastgesteld dat Goodson geen aanhanger is van complottheorieën, noch een van die intellectuelen die de joden met schande overladen, wier proza vaak meer schade toebrengt dan echte verheldering biedt aan de lezer die zich wil informeren over de fictieve aard van het geld en de veel minder fictieve scheppers ervan. Om al deze redenen kan Goodson verwijzen naar zijn onbetwistbare referenties met betrekking tot het onderwerp dat in dit boek wordt geanalyseerd. Hij was lid van de raad van bestuur van de SARB (South African Reserve Bank) en beschikte over een lange ervaring in het bankwezen, of, om het minder preuts te zeggen, hij was een bevoorrechte waarnemer van financiële transacties tussen ingewijden. Hoe is het mogelijk dat in onze zogenaamd beste democratische wereld, een wereld die trots is op transparantie en gerechtelijke vrijheid, de meeste burgers geen flauw idee hebben wie de aandeelhouders- en zijn van de belangrijkste centrale banken, zoals de Federal Reserve in de

Verenigde Staten en vele andere over de hele wereld? Goodson toont aan de hand van feiten aan dat de Amerikaanse Federal Reserve niets te maken heeft met de staat of met de betekenis van democratie in de Verenigde Staten, maar in werkelijkheid volledig ten dienste staat van een anonieme corporatie, een misdaadorganisatie bestaande uit almachtige financiers. Het is zeker geen toeval dat sinds het uiteenspatten van de zogenaamde vastgoedzeepbel in de VS in 2008 geen enkele grote bank, of het nu Goldman Sachs of J.P. Morgan is, verantwoordelijk is gehouden voor het drukken van vals geld of het verstrekken van surrealistische leningen. Men kan zeggen dat ze er allemaal hun handen van hebben afgetrokken.

Uit het boek van Goodson spreekt een opmerkelijke kennis van de politieke en sociale omstandigheden in het oude Rome, het Engeland van Cromwell of het Weimar-Duitsland. Dit werk kan dus niet zomaar worden afgedaan als een ordinaire antisemitische pamflet. Het is juist de onpartijdige toon van Goodson, die verschillende historische periodes doorloopt, die dit boek niet alleen tot een wetenschappelijk werk maakt, maar ook tot verfrissende lectuur voor een leek die meer wil weten over de mystiek van het geld.

Woekerrente lijkt altijd al centraal te hebben gestaan in sociale opstanden en oorlogen. Het oude Rome ondervond hier vaak de gevolgen van, wat uiteindelijk leidde tot zijn ondergang. Goodson beschrijft de economische en sociale hervormingen van Caesar, de staatsman, zijn invoering van het eerste socialezekerheidsstelsel, de afschaffing van de huur voor veel Romeinse burgers in moeilijkheden, en ten slotte het verbod op het aanrekenen van rente op een reeds bestaande lening. Het Romeinse Rijk beleefde een korte bloeiperiode. Veel aristocraten konden Caesars grootmoedigheid jegens de armen echter niet verdragen en besloten hem te vermoorden. De woekeraars, van wie de meesten buitenlanders van joodse afkomst waren, lijken samen met hun onderdanige heidense handlangers de drijvende kracht te zijn geweest achter deze corruptie en het verval van de westerse beschaving.

Een soortgelijk patroon van economische groei en neergang is waarneembaar tijdens het opstellen en aannemen van de beroemde Magna Carta in het middeleeuwse Engeland, die in de eerste plaats tot doel had het juk van de eerste joodse geldschieters te verlichten en woeker af te schaffen. Enkele decennia later, in 1290, werd de tenuitvoerlegging ervan gevolgd door de verdrijving van de Joden uit Engeland. Een oplettende lezer zou zich kunnen afvragen waarom zoveel klassieke auteurs, evenals talrijke ongeletterde gewone burgers, door de eeuwen heen de Joden altijd de schuld hebben gegeven van alle sociaal-economische kwalen en waarom de Joden zo vaak het slachtoffer zijn geweest van wrede vervolgingen? Zonder zich in te laten met haatzaaiende of lasterlijke uitspraken tegen de Joden, documenteert de auteur nauwkeurig het onevenredig hoge percentage Joden dat zich bezighield met geldleningen, een detail dat historisch gezien heeft bijgedragen aan hun tragische lot.

De auteur gaat geenszins voorbij aan de invloed van nieuwe theologische en politieke stromingen, met name de opkomst van het calvinisme en het ontstaan van een nieuwe mentaliteit in de 16e en 17e eeuw in Europa, evenals aan Amerikaanse opiniemakers en politici. De leer van Calvijn over de voorbestemming en het belang van de sociale rol die hij aan kooplieden toekende, hadden een enorme invloed op het politieke leven in Europa en in het pas ontdekte Amerika. De koopman en de woekeraar werden in zekere zin de nieuwe rolmodellen op het gebied van politiek en financiën, mensen wier gedrag moest worden nagevolgd en door de niet-Joden als een superego moest worden gebruikt. Dit nabootsen van de Joden door de niet-Joden, via het oorspronkelijke calvinisme en het puritanisme, verspreidde zich snel, eerst binnen het kapitalistische Amerika en later, met name na de Tweede Wereldoorlog, op het Europese vasteland. Goodson laat zien hoe de fanatieke Engelse calvinistische revolutionair Oliver Cromwell zichzelf beschouwde als ‘de uitverkorene’, en niet slechts als een gewone sjabbat-goj. Kort na de onthoofding van koning Karel I opende Cromwell de deuren van Engeland opnieuw om de Joden hartelijk te verwelkomen.

De auteur lijkt ook een interessant licht te werpen op de levensstandaard van gewone mensen in het middeleeuwse

Engeland, een land waarvan de levenskwaliteit in veel opzichten veel hoger was dan die van onze moderne samenlevingen. In de 14e en 15e eeuw werkten gewone mensen minder dan 14 weken per jaar. Als we de levenskwaliteit en het geluk moeten beoordelen aan de hand van het aantal stopcontacten en het saldo op onze bankrekening, zullen we nooit de ware betekenis van geluk kunnen begrijpen. In veel gevallen lijkt het zogenaamde donkere tijdperk van Engeland en continentaal Europa echter veel stralender dan ons eigen huidige donkere tijdperk. Het grootste deel van de architectuur uit die tijd was een directe uitdrukking van volksvreugde, waarbij het streven naar spirituele transcendentie veel meer in trek was dan de vluchtige gelukzaligheid van het moderne systeem, waarin het vergaren van geld een nieuwe seculiere religie is geworden.

Toen kwam het slechte nieuws. In 1694 werd de Bank of England opgericht, het model waarop alle andere centrale banken in Europa en later in de Verenigde Staten werden gebaseerd. Kort daarna begon wat moderne historici de 'moderniteit' noemen, wat in werkelijkheid de onderwerping van de volkeren betekent. De Engelse financiers zagen het niet zitten dat de eerste Amerikaanse koloniën hun eigen geld uitgaven en zich vijandig opstelden tegenover de Bank of England. De poging van Engeland om de Amerikaanse munteenheid af te schaffen was ook een van de belangrijkste oorzaken van de Amerikaanse Revolutie. De welvaart die Amerika in de 19e eeuw kende, was grotendeels juist te danken aan het ontbreken van een centrale bank. We mogen nooit vergeten, zoals de auteur ons eraan herinnert, dat de presidentscampagne van Andrew Jackson werd gevoerd onder de slogan: "STEM OP ANDREW JACKSON, GEEN BANK! " Het onheilspellende jaar voor de VS, en voor de hele wereld, was dat van de oprichting van de Federal Reserve Bank in 1913, die de westerse wereld indirect in de twee daaropvolgende wereldoorlogen stortte, en vervolgens in een honderdtal andere lokale oorlogen over de hele wereld.

De situatie is niet rooskleuriger voor de Amerikaanse burgers. Hoewel zij sinds 1919 de benijde burgers van een wereldsupermacht zijn geworden, was de staatsschuld in 2014 gestegen van 2,6 miljard dollar naar 17,5 biljoen dollar. Niemand wil het publiekelijk toegeven, maar de meeste Amerikanen en westerse burgers leven niet op krediet, maar worstelen en vegeteren, terwijl ze hun eigen dood afbetalen in maandelijkse termijnen. De tijd van de grote ineenstorting en het einde van het blanke ras staat ongetwijfeld voor de deur.

De auteur beschrijft vergelijkbare en verschillende vormen van fiduciair geld en bankpraktijken in andere delen van Europa, evenals de opkomst van het bolsjewistische Rusland, grotendeels gefinancierd door Joodse bankiers uit New York. De verdienste van dit boek is dat het de bankwereld niet vanuit een louter manicheïstisch perspectief bekijkt, maar altijd op zoek is naar de nuances daartussen. Het is prijzenswaardig dat Goodson ook de Duitse econoom Gottfried Feder noemt, die zelf een van de felste critici was van woeker en samengestelde rente in het Weimar-Duitsland. Het probleem met "Feder" is dat deze gerenommeerde econoom enige tijd gelieerd was aan het nationaalsocialisme, wat bij sommigen, zelfs bij de meest onbevooroordeelde lezers van Goodsons werk, voor onbehagen en fronsen kan zorgen. Hoe kan men vandaag de dag, in onze politiek correcte omgeving van academische censuur, iets positiefs halen uit de woorden van een nationaalsocialistische geleerde? Aangezien het nationaalsocialisme tegenwoordig officieel wordt afgeschilderd als het symbool van het absolute kwaad, mag het nooit iets bevatten dat als relatief goed kan worden beschouwd – zelfs niet op apolitieke gebieden zoals sport, ecologie of, laat staan, economie. Feder baseerde zijn onderzoek op de studie van de oorlogsherstelbetalingen die aan het Weimar-Duitsland werden opgelegd door de overwinnaars van de Eerste Wereldoorlog. Hij kwam tot de conclusie dat het betalen van samengestelde rente de burgers zou verarmen en massale werkloosheid zou veroorzaken. De lessen van Feder zijn perfect van toepassing op de huidige tijd, al, vooral als men wil nadenken over mogelijke oplossingen voor het probleem van de enorme staatsschulden van alle westerse landen.

In een iets minder pessimistische noot vermeldt de auteur het ongelooflijke succes van de Amerikaanse staat North Dakota, die dankzij zijn bank de meest dynamische staat met de laagste werkloosheid in de Verenigde Staten is geworden. Het valt nog te bezien hoe North Dakota de naderende storm zal doorstaan. Zolang de officiële academische wereld en de media vermijden de oorzaak van het dreigende financiële chaos te noemen, zullen de VS, evenals hun Europese satellietstaten, alleen maar van de ene ramp in de andere belanden.

Dr. Tomislav Sunic
Zagreb, Kroatië

BIBLIOGRAFIE[316]

D.J. Amos, *The Story of the Commonwealth Bank,* Veritas Publishing Company Pty Ltd, Bullsbrook, West-Australië, 1986.

A.N. Andreadēs, *History of the Bank of England,* P.S. King & Son Ltd, Londen, 1935.

H.C. Armstrong, *Grey Steel J.C. Smuts A Study in Arrogance,* Arthur Barkers Ltd, Londen, 1937.

D. Astle, *The Babylonian Woe,* Omnia Veritas Ltd, 2015.

D. Astle, *The Tallies, A Tangled Tale and The Beginning and the Ending,* Private Edition, Toronto, 1997.

P.T. Bauer, *Equality, and the Third World, and Economic Delusion,* Harvard University Press, Cambridge, Massachusetts, 1981.

I. Benson, *The Zionist Factor,* The Noontide Press, Costa Mesa, Californië, 1992.

K. Bolton, *The Banking Swindle - Money Creation and the State,* Black House Publishing Ltd, Londen, 2013.

W.D. Bowman, *The Story of the Bank of England,* Herbert Jenkins Ltd, Londen, 1937.

E. H. Brown, *Web of Debt, The Shocking Truth About Our Money System and How We Can Break Free,* Third Millenium Press, Baton Rouge, Louisiana, 2008.

G. Buchanan, *My Mission to Russia and other Diplomatic Memories,* Cassell and Company Limited, Londen, 1923.

H.S. Chamberlain, *The Foundations of the Nineteenth Century,* The Bodley Head, Londen 1912, deel II.

K. Chazan, *The Jews of Medieval Western Christendom 1000-1500,*

[316] Noot van de redacteur: De meeste hier aangehaalde referenties zijn Engelstalige werken, tenzij er een Franse versie bestaat, in voorkomend geval voorafgegaan door een asterisk.

r, Cambridge University, New York, 2008.

A. Cherep-Spiridovich, *The Secret World Government or "The Hidden Hand"*, The Ant-Bolshevist Publishing Association, New York, 1926.

O.P. Chitwood, *John Tyler Champion of the Old South*, Russell & Russell, 1964.

W.S. Churchill, *Step By Step, 1936-1939*, Odhams Press, Londen.

W.S. Churchill, *The Second World War, The Gathering Storm, Vol. I*, Cassell & Co. Ltd, Londen, 1948.

G.M. Coogan, *Money Creators, Who Creates Money? Who Should Create It?*, Omni Publications, Hawthorne, Californië, 1963.

I.M. Cumpston, *Lord Bruce of Melbourne*, Longman Cheshire, Melbourne, 1989.

W. Cunningham, *The Growth of English Industry and Commerce during the Early and Middle Ages*, Cambridge University Press, 3e druk, 1896.

*L. Degrelle, *Hitler né à Versailles*, deel I van Le Siècle d'Hitler, Art Et Histoire De L'Europe (1987).

A.J. de Grund, *Fascist Italy and Nazi Germany: The 'Fascist Style of Rule'*, Routledge, Londen, 2004.

F. W. de Klerk, *Die laaste trek – 'n nuwe begin Die Outobiografie*, Human & Rousseau, Kaapstad, 1998.

A. Del Mar, *The History of Money in America From the Earliest Times to the Establishment of the Constitution*, Omni Publications, Hawthorne, Californië, 1936.

A. Del Mar, *Money and Civilization: Or a History of the Monetary Laws and Systems of Various States Since the Dark Ages and Their Influence upon Civilization*, Omni Publications, Hawthorne, Californië, 1975.

E. de Maré, *A Matter of Life or Debt*, Humane World Community, Inc., Onalaska, Washington, 1991.

R.E. Elletson, *Monetary Parapometrics: A Case Study of the Third Reich*, Christian International Publications, Wilson, Wyoming, 1982.

S. Fay, *Portrait of an Old Lady*, Penguin, Londen, 1987.

G. Feder, *The Program of the NSDAP, The National Socialist German Workers' Party and its General Conceptions*, vertaald door E.T.S. Dugdale, Fritz Eher Verlag, München, 1932.

N. Ferguson, *The House of Rothschild, Money's Prophets 1798-1848*, deel 1 en deel 2, Penguin Books, Londen, 1999.

G. Ferrero, *Greatness and Decline of the Roman Empire*, deel VI, William Heinemann Ltd, Londen, 1908.

A.N. Field, *The Truth About The Slump – What The News Never Tells*, Privé-uitgave, Nelson, Nieuw-Zeeland, 1935.

A.N. Field, *All These Things*, Omni Publications, Hawthorne, Californië, 1936.

*N.G. Finkelstein, *De holocaustindustrie: beschouwingen over de exploitatie van het lijden van de joden*, La Fabrique 2001.

I.N. Fisher, *Stamp Scrip*, Adelphi Publishers, New York, 1933.

J.K. Galbraith, *The Age of Uncertainty*, Houghton Mifflin, Boston, 1977.

T.H. Goddard, *History of Banking Institutions of Europe and the United States*, H.C. Sleight, New York, 1831.

R. Gollam, *The Commonwealth Bank of Australia: Origins and Early History*, Australian National University Press, Canberra, 1968.

O. en J. Grubiak, *The Guernsey Experiment*, Distributionist Books, Londen, 1992.

A. Hitler, *Mein Kampf*, Omnia Veritas Ltd.

Hitler's Table Talk, samengesteld door M. Bormann, Ostera Publications, 2012.

Hoek Verslag van Prof. Piet Hoek aan Dr H.F. Verwoerd, 1965.

D.L. Hoggan, *The Forced War: When Peaceful Revision Failed*, Institute for Historical Review, Costa Mesa, Californië, 1989.

E. Holloway, *How Guernsey Beat The Bankers*, Economic Reform Club & Institute, Londen, 1958.

R.K. Hoskins, *War Cycles – Peace Cycles*, The Virginian Publishing Company, Lynchburg, Virginia, 1985.

Inconvenient History, Volume V, 2013, HBB Press, San Ysidro, Californië, 2013.

F.J. Irsigler, *On The Seventh Day They Created Inflation*, Wynberg, Kaapstad, Zuid-Afrika, 1980.

D. Irving, *Churchill's War, The Struggle for Power*, Veritas Publishing Company Pty Ltd, Bullsbrook, West-Australië, 1987.

D. Irving, *The War Path: Hitler's Germany 1933-1939*, Macmillan, Londen, 1978.

D. Irving, *Nuremberg The Last Battle*, Focal Point Publishers, Londen, 1996.

Money and Banking in Japan, the Bank of Japan Economic Research Department, vertaald door S. Nishimura, onder redactie van L.S. Presnell, Macmillan, Londen, 1973.

E.M. Josephson, *The "Federal" Reserve Conspiracy & Rockefellers*, Chedney Press, New York, 1968.

H.S. Kenan, *The Federal Reserve Bank*, The Noontide Press, Los Angeles, 1968.

A. Kitson, *A Fraudulent Standard*, Omni Publications, Hawthorne, Californië, 1972.

G. Knupffer, *The Struggle for World Power, Revolution and Counter-Revolution*, The Plain-Speaker Publishing Company, Londen, 1971.

J.M. Landowsky, *Red Symphony*, vertaald door G. Knupffer, rwww.archive.org/details/RedSymphony

**La Symphonie Rouge*, Omnia Veritas Ltd, 2015. www.omnia-veritas.com

The Letters of T.E. Lawrence, onder redactie van D. Garnett, Jonathan Cape, Londen, 1938.

C.A. Lindbergh, *The Economic Pinch (Lindbergh on the Federal Reserve)*, The Noontide Press, Costa Mesa, Californië, 1989.

F. Leuchter, *The Leuchter Report: The end of a myth, An engineering report on the alleged gas chambers at Auschwitz Birkenau and Majdanek, Poland*, David Clark, 1988.

D. Marsh, *The Bundesbank: The Bank That Rules Europe*, William Heinemann Ltd, Londen, 1992.

'*Collective Speeches of Congressman Louis T.* McFadden', Omni Publications, Hawthorne, Californië, 1970.

S. McIntyre, *A Concise History of Australia*, Cambridge University Press, Melbourne, 2009.

N. Mühlen, *Hitler's Magician: Schacht The Life and Loans of Dr Hjalmar Schacht*, vert. E.W. Dicks, George Routledge & Sons Ltd, Londen, 1938.

*E. Mullins, *Les Secrets de la Réserve Fédérale*, Le Retour aux Sources, 2010.

C.S. & R.L. Norburn, *A New Monetary System Mankind's Greatest Step*, Omni Publications, Hawthorne, Californië, 1972.

*J. Perkins, De *bekentenissen van een financiële moordenaar*, Alterre, 2005.

E.N. Peterson, *Hjalmar Schacht: for and against Hitler: A political economic study of Germany, 1923-1945*, The Christopher Publishing House, Boston, 1954.

"Ezra Pound Speaking" Radio Speeches of World War II, onder redactie van L.W. Doob, Greenwood Press, Westport, Connecticut, 1978.

P.J. Pretorius, *Volksverraad, Die Geskiedenis agter die Geskiedenis*, A History of Central Banking Libanon-Uitgewers, Mosselbaai, Western Cape, Zuid-Afrika, 1996.

**De Protocollen van de Wijzen van Sion*, Deterna, 2010.

*Moammar Al Kadhafi, *Het Groene Boek*, Hadès Éditions, Rouen, 2015. www.hadeseditions.com

C. Quigley, *Tragedy and Hope A History of the World in Our Time*, The Macmillan Company, New York, 1966.

A.H.M. Ramsay, *The Nameless War*, Omnia Veritas Ltd. 2014.

R.V. Remini, *Andrew Jackson*, Twyne Publishers Inc., New York, 1966.

J. Robison, *Proofs of a Conspiracy against all the Religions and Governments of Europe, carried on in the Secret Meetings of Free Masons, Illuminati, and Reading Societies, collected from Good Authorities*, Western Islands, Belmont, Massachusetts, 1967.

J.E.T. Rogers, *The First Nine Years of the Bank of England*, Clarendon Press, Oxford, 1887.

A. Rosenberg, *The Myth of the Twentieth Century*, The Noontide

Press, Torrance, Californië, 1982.

G. Rudolf, *Dissecting the Holocaust: The Growing Critique of "Truth" and "Memory"* (Holocaust Handbooks Series 1), Theses & Dissertations Press, 2e herziene editie, 2003.

J. Ryan-Collins, T. Greenham, R. Werner, A. Jackson, *Where Does Money Come From, A Guide to the UK Monetary and Banking System*, New Foundation, Londen, 2012.

R.S. Sayers, *The Bank of England 1891-1944*, Cambridge University Press, 1976.

R.E. Search, *Lincoln Money Martyred*, Omni Publications, Palmdale, Californië, 1989.

W.G. Simpson, *Which Way Western Man?*, Yeoman Press, Cooperstown, New York, 1978.

F. Soddy, *Wealth, Virtual Wealth and Debt*, G. Allen & Unwin, Londen, 1933.

*O. Spengler, *De ondergang van het Westen*, Gallimard, Parijs, 1948.

H. Strakosch, *The South African Currency and Exchange Problem*, Johannesburg, Central News Agency Limited, 1920.

J.G. Stuart, *The Money Bomb*, William Maclellan (Embryo) Limited, Glasgow, 1984.

*A.C. Sutton, *Wall Street en de bolsjewistische revolutie*, Le Retour aux Sources, 2010.

I. Tarbell, *A Short Life of Napoleon*, S. S. McClure Limited, New York, 1895.

A.J.P. Taylor, *The Origins of the Second World War*, Hamish Hamilton, Londen, 1961.

H.A. Thomas, *Opgeslagen arbeid: een nieuwe theorie over geld*, 1991.

G.M. Trevelyan, *English Social History, A Survey of Six Centuries Chaucer to Queen Victoria*, Longmans Green and Co., Londen, 1948.

Verheimlichte Dokumente – Was den Deutschen verschwiegen wird, Fz-Verlag, München, 1993.

L. Villari, *Italian Foreign Policy under Mussolini*, Holborn Publishing Ltd, Londen, 1959.

M. Walsh, *Witness to History*, Historical Review Press, Uckfield, Sussex, 1996.

T.E. Watson, *Sketches from Roman History*, The Barnes Review, Washington, DC, 2011.

N.H. Webster, *The French Revolution*, The Noontide Press, Costa Mesa, Californië, 1982.

J. Weitz, *Hitler's Banker Hjalmar Horace Greely Schacht*, Little, Brown and Company, Londen, 1999.

R.G. Werner, *Princes of the Yen*, M.E. Sharpe, New York, 2003.

R. McNair Wilson, *Monarchy or Money Power*, Eyre & Spottiswoode, Londen, 1934.

*F.P. Yockey, *Imperium*, Omnia Veritas Ltd.

INHOUDSOPGAVE

ANDERE TITELS

OMNIA VERITAS
OMNIA VERITAS LTD PRESENTEERT:
DE OLIEOORLOGEN
DOOR JOHN COLEMAN
Het historische verslag van de olie-industrie neemt ons mee door de wendingen van de "diplomatie"
JOHN COLEMAN
DE OLIEOORLOGEN
De strijd om het monopoliseren van een bron die door alle naties wordt begeerd

OMNIA VERITAS
OMNIA VERITAS LTD PRESENTEERT:
DE ROTHSCHILD DYNASTIE
JOHN COLEMAN
DE ROTHSCHILD DYNASTIE
door John Coleman
Historische gebeurtenissen worden vaak veroorzaakt door een "verborgen hand"...

OMNIA VERITAS
OMNIA VERITAS LTD PRESENTEERT:
JOHN COLEMAN
DIPLOMATIE DOOR LEUGENS
DOOR JOHN COLEMAN
DIPLOMATIE DOOR LEUGENS
EEN VERSLAG VAN HET VERRAAD VAN DE REGERINGEN VAN ENGELAND EN DE VERENIGDE STATEN
De geschiedenis van de oprichting van de Verenigde Naties is een klassiek geval van de diplomatie van de misleiding...

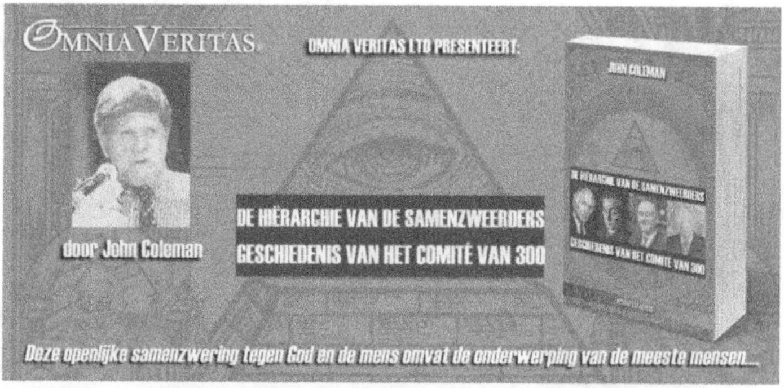
OMNIA VERITAS
OMNIA VERITAS LTD PRESENTEERT:
door John Coleman
DE HIËRARCHIE VAN DE SAMENZWEERDERS
GESCHIEDENIS VAN HET COMITÉ VAN 300
JOHN COLEMAN
Deze openlijke samenzwering tegen God en de mens omvat de onderwerping van de meeste mensen...

OMNIA VERITAS
OMNIA VERITAS LTD PRESENTEERT:
HET TAVISTOCK INSTITUUT
voor MENSELIJKE RELATIES
Het morele, spirituele, culturele, politieke en economische verval van de Verenigde Staten van Amerika vormgeven
Zonder Tavistock waren er geen Eerste en Tweede Wereldoorlog geweest
door John Coleman
JOHN COLEMAN
De geheimen van het Tavistock Instituut voor Menselijke Relaties

OMNIA VERITAS
OMNIA VERITAS LTD PRESENTEERT:
VOORBIJ de
SAMENZWERING
ONTMASKERING VAN DE ONZICHTBARE
WERELDREGERING
Alle grote historische gebeurtenissen worden in het geheim gepland door mannen die zich omgeven met totale discretie
door John Coleman
JOHN COLEMAN
Sterk georganiseerde groepen zijn altijd in het voordeel ten opzichte van burgers

OMNIA VERITAS
OMNIA VERITAS LTD PRESENTEERT:
VRIJMETSELARIJ
van A tot Z
door John Coleman
In de 21e eeuw is de vrijmetselarij minder een geheim genootschap geworden dan een "genootschap van geheimen".
JOHN COLEMAN
VRIJMETSELARIJ
van A tot Z
Dit boek legt uit wat vrijmetselarij is

OMNIA VERITAS
Omnia Veritas Ltd aanwezig:
Mijn Strijd
Mein Kampf
Mijn Strijd
Mein Kampf
Het was in deze tijd dat mijn ogen werden geopend voor twee gevaren voor het bestaan van het Duitse volk: Marxisme en het jodendom.
Een document van historisch belang

OMNIA VERITAS®
www.omnia-veritas.com